Name: ______________________ Klasse: ______ W0206174



# 1 Gesund sein – was bedeutet das heute?

## Verständnis von Gesundheit

**1** Gesundheit weiß der Mensch zu schätzen, aber Worte dafür zu finden, was Gesundheit eigentlich ist, ist gar nicht so einfach. Notieren Sie in der Tabelle die Definition der Weltgesundheitsorganisation von 1946 und die der Pflegewissenschaft. Worin sehen Sie Gemeinsamkeiten, worin Unterschiede?

| Weltgesundheitsorganisation | Pflegewissenschaft |
|---|---|
| ► Zustand des vollständigen körperlichen, geistigen und sozialen Wohlbefindens und nicht nur das Freisein von Krankheit oder Gebrechen. | ► Gelungene Anpassung an körperliche, soziale und geistig-seelische Einschränkungen. |

**Gemeinsamkeiten:** z. B. weites Spektrum (Körper, Geist/Seele, Soziales), positive Entwicklung

**Unterschiede:** z. B. Zustand ←→ Prozess. Mehr als nicht krank ←→ Anpassung an Einschränkung

**2** Ziehen Sie das Modell der Salutogenese nach Aaron Antonovsky heran, welches dieser um 1970 entwickelte. Arbeiten Sie heraus, was ein Mensch seiner Meinung nach braucht, um trotz vieler lebensgefährdender Einflüsse gesund zu bleiben oder wieder gesund zu werden.

Der Mensch braucht Ziele, für die er sich einsetzt. Es ist wichtig, dass er sein Leben als sinnvoll und lebenswert ansieht und glaubt, sein Leben auch in schwierigen Situationen zu meistern. Unterstützung durch Familie/Freunde geben ihm Halt.

**3** Der spastisch gelähmte und sprachbehinderte Jürgen Knop, der mit 71 Jahren starb, hat viele Hörspiele und Bücher verfasst. Auch dieses Gedicht stammt von ihm:

> Ich lebe gern, denn mein Leben ist schön! // Wenn Sie mich sehen könnten, würden jetzt etliche // von Ihnen über meine Aussage sehr überrascht sein. // Ich sitze im Rollstuhl. // Mein ganzer Körper ist ständig in Bewegung und // der Gesichtsausdruck wird ständig durch Krämpfe // zu Grimassen verunstaltet. // Und trotzdem kann ich sagen: // Ich lebe gern, denn mein Leben ist schön.

Wie empfinden Sie dieses Gedicht? Wie passt es zu Ihrem Verständnis von Gesundheit?

**4** Betrachten Sie den Cartoon.
Angenommen, die Kinder würden dauerhaft in ähnlicher Form aufwachsen – welches der beiden Kinder würde vermutlich die gesundheitlich günstigeren Voraussetzungen entwickeln, z. B. in Bezug darauf, Herausforderungen zu meistern oder leistungsfähig zu bleiben? Begründen Sie Ihre Antwort.

A1606 © PERSCHEID / Distr. Bulls

# Gesunde Ernährung

1 Für Quizhungrige: Markieren Sie die richtige Antwort.

a) Den höchsten physiologischen Brennwert pro Gewichtseinheit besitzen ...

| | |
|---|---|
| A: Kohlenhydrate ☐ | B: Fette ☒ |
| C: Proteine ☐ | D: Alkohole ☐ |

b) Die Grundbausteine, aus denen Eiweiße (Proteine) bestehen, nennt man ...

| | |
|---|---|
| A: Peptosäuren ☐ | B: Aluminiumsäuren ☐ |
| C: Aminosäuren ☒ | D: Dominosäuren ☐ |

c) Der Eiweißbedarf pro kg Körpergewicht ist im Verhältnis am geringsten bei ...

| | |
|---|---|
| A: gesunden alten Menschen ☒ | B: Patienten mit Wundliegegeschwür ☐ |
| C: Schwangeren/Stillenden ☐ | D: Leistungssportlern ☐ |

d) Die essenziellen Fettsäuren Linolsäure und Linolensäure zählen zu den ...

| | |
|---|---|
| A: gesättigten Fettsäuren ☐ | B: einfach ungesättigten Fettsäuren ☐ |
| C: mehrfach ungesättigten Fettsäuren ☒ | D: Transfettsäuren ☐ |

e) Der größte Anteil der täglichen Kohlenhydratzufuhr sollte sich zusammensetzen aus ...

| | |
|---|---|
| A: Traubenzucker und Fruchtzucker ☐ | B: Holzzucker und Milchzucker ☐ |
| C: Haushaltszucker und Malzzucker ☐ | D: Stärke und Zellulose ☒ |

2 Muttermilch ist eine wunderbare „Erfindung" und durch nichts zu übertreffen. Arbeiten Sie die Vorteile heraus, welche die Muttermilch und der Vorgang des Stillens für den Säugling bieten.

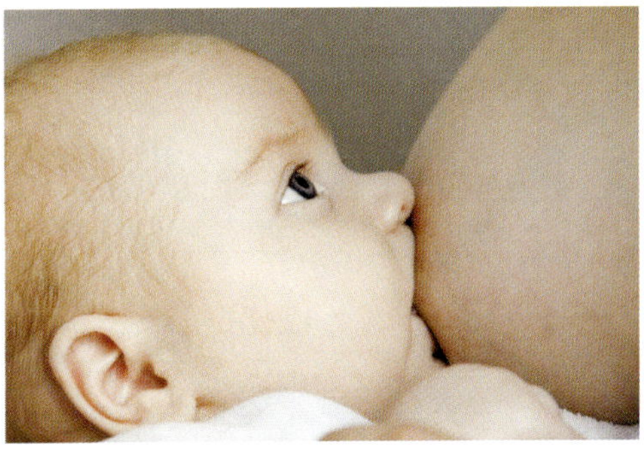

*Muttermilch enthält alle wichtigen Nährstoffe, ist angepasst an Wachstum und Verdauungsleistung des Säuglings; enthält Abwehrstoffe gegen Erreger; wird gut vertragen, wirkt nicht allergen.*

*Stillen ist bedarfsgerecht, unterstützt natürliches Hunger-Sättigungs-Gefühl, es gibt keine Überfütterung; Saugen an der Brust fördert Kieferausbildung; Saugen/Stillen stärkt Mutter-Kind-Beziehung, positiver Einfluss auf psychosoziale Entwicklung des Säuglings.*

3 Vitamine und Mineralstoffe sind für den Menschen unverzichtbar. Fehlt es an einem Vitamin oder Mineralstoff, kann das typische Folgen haben. Ordnen Sie zu:

| Mangel | Folge |
|---|---|
| Vit. A-Mangel | Abwehrschwäche, Zahnfleischbluten (bis hin zu Skorbut) |
| Vit. C-Mangel | Muskelkrämpfe |
| Vit. D-Mangel | Rachitis mit Knochenerweichung, Wachstumsstörung |
| Eisenmangel | Nachtblindheit, Haut- und Schleimhautschäden |
| Jodmangel | Anämie mit Müdigkeit, Blässe |
| Magnesiummangel | Kropfbildung, Schilddrüsenunterfunktion |

*Zuordnung (Lösung): Vit. A-Mangel → Nachtblindheit, Haut- und Schleimhautschäden; Vit. C-Mangel → Abwehrschwäche, Zahnfleischbluten (bis hin zu Skorbut); Vit. D-Mangel → Rachitis mit Knochenerweichung, Wachstumsstörung; Eisenmangel → Anämie mit Müdigkeit, Blässe; Jodmangel → Kropfbildung, Schilddrüsenunterfunktion; Magnesiummangel → Muskelkrämpfe*

4 Evas Mutter (49 Jahre, 61 kg, 1,62 m) findet es spannend, was Eva alles über Ernährung in der Schule lernt. Eva rechnet für sie ihren täglichen Energiebedarf aus: 8 200 kJ (1 958 kcal). Nun fragt die Mutter sich, wie viel sie wohl bereits beim üblichen Werktags-Frühstück zu sich nimmt und liest die Packungsangaben. Wo nichts steht, sucht Eva es für sie heraus. Die Mutter schreibt (und rundet dabei ab):

| Lebensmittel, Menge | kJ pro 100 g oder ml | kJ pro verwendeter Menge |
|---|---|---|
| Vollkorntoast, 75 g | 1.000 | 750 |
| Butter, 15 g | 3.000 | 450 |
| Pflaumenmus, 10 g | 750 | 75 |
| Kräuter-Frischkäse, 20 g | 600 | 120 |
| Nektarine, 150 g | 180 | 270 |
| Schwarzer Tee, 250 ml | 2 | 5 |
| Vollmilch, 50 ml | 270 | 135 |
| Zucker, 5 g | 1.700 | 85 |
| Summe | | ca. 1.900 kJ/Frühstück |

Entspricht das Frühstück den Empfehlungen für Erwachsene? Schätzen Sie ab und berücksichtigen Sie in Ihren Überlegungen unter anderem die 10 Regeln der Deutschen Gesellschaft für Ernährung.

Frühstück relativ vielseitig: Getreideprodukte in Form von Toast (besser wäre echtes Vollkornbrot, allenfalls leicht angeröstet). Es gibt Obst (und hoffentlich noch mehr am Tag! Außerdem wäre Gemüse wichtig, z. B. Gurke auf Frischkäse). Milch und -produkte vorhanden (an anderen Tagen dürfte es auch mal ein Rührei mit Schnittlauch sein, Wurst oder Fisch). Fett, Zucker und Salz kommen in Maßen vor. Flüssigkeit könnte mehr sein, möglichst in Form von Wasser. Die Vielfalt lässt indirekt auf Ruhe und Genuss am Essen schließen. Gewicht im Normbereich, Ernährung im Ganzen scheinbar vernünftig. Mit 23% des täglichen Energiebedarfs entspricht das Frühstück der empfohlenen Energiezufuhr eines ersten Frühstücks.

5 Tinas Freund ist leicht genervt, wenn Tina seine Essgewohnheiten infrage stellt. „Warum soll ich denn ausgerechnet Ballaststoffe zu mir nehmen? Es heißt doch, Ballast soll man abwerfen." Tina ist für einen Moment irritiert. Aber Ballaststoffe sind doch wichtig, oder? Sie liest noch einmal nach, zieht auch Fachmedien mit heran und notiert:

Mind. 30 g Ballaststoffe/Tag empfohlen; sind in Vollkornprodukten, Gemüse, Salat, Obst; weitgehend unverdaulich, werden wieder ausgeschieden.
Wirkung: anhaltendes Sättigungsgefühl (da hohes Magenvolumen, langsame Zuckerresorption), Darmentlastung (da regelmäßiger Stuhlgang), Cholesterinsenkung, Schutz vor Darmkrebs (da Bindung von Giftstoffen + Cholesterin).

# Persönlicher Umgang mit Stress

1 Menschen reagieren auf Stresssituationen unterschiedlich. Diskutieren Sie in diesem Zusammenhang die nachstehende Abbildung kritisch.

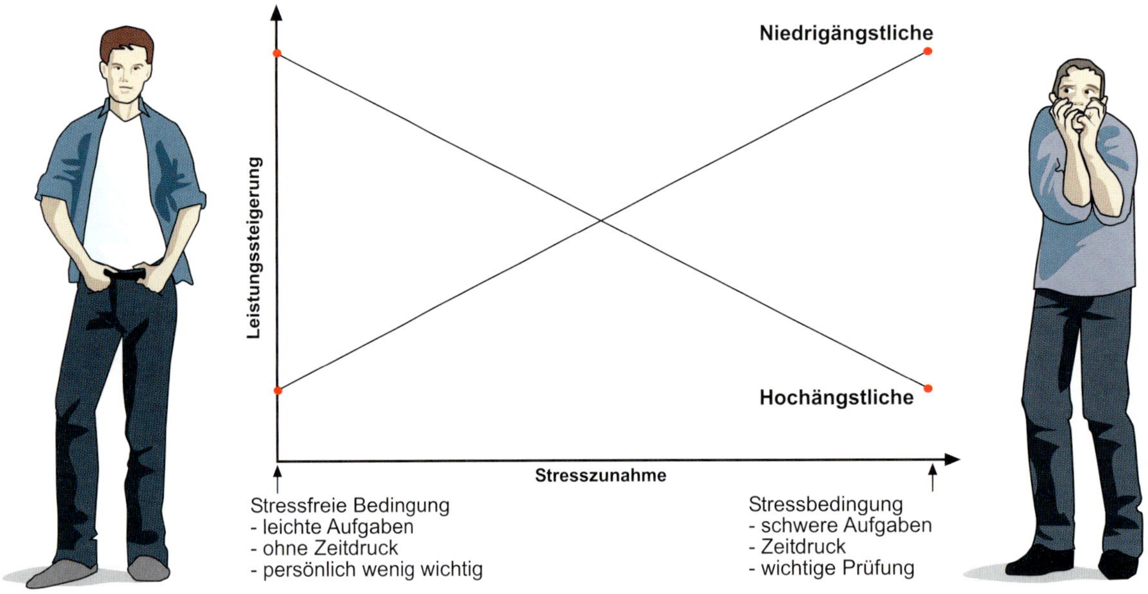


2 Erläutern Sie, warum Menschen krank werden können, wenn sie häufig (negativen) Stress empfinden.

Die Erholungsphase, die ein Mensch braucht, um seine Energiereserven wieder aufzufüllen, kommt zu kurz. Die Regeneration wird schlechter. Dauergestresste Menschen verlieren an Widerstandskraft.

3 Stellen Sie in der Klasse Situationen dar, in denen Sie selbst positiven bzw. negativen Stress erlebt haben. Wie ist es Ihnen dabei ergangen? (Rollenspiel)

4 Stress, ein individuelles Problem?

Steffi W., 18 Jahre, arbeitet seit vier Monaten als Krankenpflegeschülerin. Der Schichtdienst und die ungewohnte Arbeit überfordern sie völlig. Dabei will sie immer alles richtig machen, da die praktische Beurteilung der Station bevorsteht.

Steffi ist vor zwei Monaten gemeinsam mit ihrem Freund in eine eigene Wohnung gezogen. Ihre Eltern sind darüber sehr verärgert. Ihr Freund unterstützt sie bei der Hausarbeit nicht. Nur der Gedanke an den Urlaub in sechs Wochen erhält Steffi aufrecht. Dafür erarbeitet sie sich gerade bei einer Eierdiät und regelmäßigem Fitnesstraining ihre Traumfigur.

a) Notieren Sie mögliche Ursachen für Steffis Stress.

Z.B. hohe Anforderungen der begonnenen Berufstätigkeit, neue Arbeitssituation/Kollegen, Unsicherheit bei der Arbeit, Angst vor der Beurteilung, hoher eigener Anspruch, private Probleme mit Eltern und Freund, hohe Belastung durch Hausarbeit, Schlankheitsideal/Diätzwang, reduziertes Selbstwertgefühl

b) Entwickeln Sie in der Klasse ein Programm zur Prophylaxe und Bewältigung von Stress für Steffi. Halten Sie Ihre Lösungsansätze schriftlich fest und diskutieren Sie Ihre Vorschläge kritisch.

## Gesunder Schlaf

1 Verhaltensweisen, die dem Schlaf förderlich sind, fasst man auch unter dem Begriff „Schlafhygiene“ zusammen. Schreiben Sie möglichst viele auf. Überlegen Sie, welche Sie davon selber praktizieren.

Z. B. genügend Abstand zu letzter Mahlzeit, keine Genussmittel am Abend, evtl. Kräutertee oder warme Milch, Verzicht auf zu spätes Fernsehen/aufwühlende Filme – besser Entspannungsübungen oder schöne Musik, Einschlafrituale (bei Kindern z. B. Gute-Nacht-Geschichte, evtl. Gebet, Singen eines Gute-Nacht-Liedes), ruhige, dunkle, kühle Schlafumgebung, bequeme Schlafkleidung.

2 Neben der Tiefschlafphase ist eine weitere Schlafphase bedeutsam für die körperlich-geistige Erholung. Benennen Sie die Phase, ihren Anteil am Gesamtschlaf und was in ihr geschieht.

Der Traumschlaf macht ca. ein Viertel des Schlafes aus. Hier werden Erlebnisse verarbeitet und damit gewissermaßen im Kopf „verdaut“.

3 An allgemeinbildenden Schulen in Deutschland wird immer wieder diskutiert, ob Unterricht morgens generell später beginnen sollte. Arbeiten Sie aus dem Artikel Argumente hierfür heraus und ziehen Sie Fakten aus dem Buch mit heran. Überlegen Sie, was dagegen spricht. Diskutieren Sie Pro und Kontra.

### Länger schlafen, besser lernen von Peter Nonnenmacher

**Eine britische Schule feiert Erfolge mit einem späteren Unterrichtsbeginn**

Die Monkseaton High School, im nordenglischen Tyneside, hat Grund zum Feiern. Die jüngsten Ergebnisse für die staatlichen Prüfungen zur mittleren Reife sind die besten in der vierzigjährigen Geschichte der Schule. Um 20 bis 30 % besser als im Vorjahr sind die Noten – ein dramatischer Sprung, auch im nationalen Vergleich. Der überraschende Grund: Die Schüler dürfen auch an Schultagen ausschlafen und es langsam angehen lassen. In der Regel beginnt der Unterricht erst um 10 Uhr. Der spätere Start in den Schultag, meint Schuldirektor Paul Kelley, mache die Schüler zu „glücklicheren, besser gebildeten Teenagern“.

Wissenschaftler betonen schon seit Langem, dass junge Leute im Alter von 13 bis 18 Jahren nachmittags aufnahmebereiter seien und besser lernten als am frühen Morgen. Der Neuro-Experte Russell Foster, der den britischen Schulversuch begleitet, glaubt gar, dass zu frühes Aufstehen Teenager in einen äußerst schädlichen „Zustand permanenten Jetlags“ versetze. Behauptungen von Lehrern, dass Jugendliche morgens frischer seien, ließen sich wissenschaftlich nicht bestätigen. „Leichter kontrollierbar“ seien die Teenager zweifellos, wenn sie sich noch halb im Schlaf befänden. Aber mit Unterrichtsteilnahme habe das nichts zu tun, sagt Russell.

Mit dem veränderten Stundenplan habe seine Schule sich nur den physischen Veränderungen der jungen Leute selbst angepasst, sagt denn auch Schulleiter Kelley. Aufstehunwillige Teenager seien nämlich nicht einfach faul, sondern naturbedingt schlafbedürftig am Morgen – worauf man im Schulbetrieb Rücksicht nehmen müsse. Natürlich lasse sich letztlich nicht beweisen, dass der neue Stundenplan der Grund für die besseren Prüfungsergebnisse sei. Doch andere mögliche Faktoren seien, zumindest an seiner Schule, nicht auszumachen. So dramatische Verbesserungen des Notenspiegels kenne er tatsächlich „bisher von keiner anderen Schule“, fügt Kelley an. Außerdem habe schon in der Anfangsphase des Experiments das leidige Schulschwänzen rapide abgenommen. Wer ausschlafen darf, scheint eher bereit, den Rest des Tages im Klassenzimmer zu verbringen – und sich mit dem Unterrichtsstoff auseinanderzusetzen.

Auch in Deutschland hat es wiederholt Vorstöße von Fachleuten gegeben, den Schulunterricht später zu starten – ohne Erfolg. Das frühe Lernen wird allerdings von den Schulbehörden keineswegs nur pädagogisch begründet. Man orientiert sich auch am Arbeitsbeginn der Eltern – wenn die Eltern aus dem Haus seien, sollten die Kinder im Klassenzimmer sitzen.

Für späteren Schulstart spricht: Teenager nachmittags lernfähiger als frühmorgens, naturbedingt schlafbedürftig morgens, Jugendliche brauchen mehr Schlaf als Erwachsene, durch frühes Aufstehen im „Dauer-Jetlag“, gut für „Eulentypen“

Gegen späteren Schulstart spricht: schlechter mit Arbeitszeit der Eltern übereinstimmend, langer Schultag bis in den Nachmittag, schwer vereinbar mit nachmittäglichen Freizeitaktivitäten, für „Lerchentypen“ unattraktiv.

## Körperpflege

1 Eine Vielfalt an Körperpflegemitteln wird auf dem deutschen Markt angeboten. Nicht jedes eignet sich für jeden Hauttyp. Schreiben Sie zunächst die typischen Merkmale der genannten Hauttypen in der obersten Zeile auf. Ordnen Sie dann den verschiedenen Hauttypen die geeigneten Produkte zu.

| Merkmale der Haut → | ► spröde, schuppig, glanzlos, leicht einreißend, häufiger juckend | ► zart, feinporig, frisch aussehend, geschmeidig, gut durchblutet | ► ölig glänzend, großporig, gelegentlich Mitesser, Akne |
|---|---|---|---|
| **Produkte ↓** | **Trockene Haut** | **Normale Haut** | **Fettige Haut** |
| **Alkoholische Lösung** | | X | X |
| **Seife, Duschmittel, Schaumbad** | | X | X |
| **Synthetisches Detergens (Syndet)** | (X) | X | X |
| **Creme** | X | X | X |
| **Reinigungsemulsion** | X | X | |
| **Ölbad** | X | | |

2 a) Stellen Sie mit Pfeilen dar, wie Karies, die Zahnfäule, entsteht.

Mangelhafte Zahnpflege → Bakterien bilden Zahnbelag (Plaque) → Bakterien bauen Zucker zu Säure um → Säure greift Zahnschmelz an, entkalkt ihn; Zahnschmelz bricht ein → Loch schreitet ins Zahninnere fort

b) Nennen Sie Maßnahmen der Kariesprophylaxe und überlegen Sie, wo innerhalb der Kariesentstehung die jeweilige Maßnahme ansetzt.

Mind. zweimal/Tag gründlich Zähne putzen verhindert Zahnbelag. Meiden von Zucker liefert Bakterien keinen „Stoff“. Ausreichend Zufuhr an Fluorid + Calcium stärkt Zahnschmelz, macht ihn widerstandsfähiger. Zweimal/Jahr Kontrolle lässt Karies frühzeitig erkennen und verhindert Fortschreiten.

3 Außer Karies wird auch eine andere Erkrankung durch Plaque verursacht. Nennen Sie die Erkrankung und zählen Sie langfristige Folgen dieser Erkrankung auf.

Parodontitis führt zu Zahnfleischschwund, Kieferknochenabbau, Zahnausfall.

# Arzneimittel

**1** Lösen Sie das Kreuzworträtsel zum Thema Formen, Wirkung und Umgang mit Arzneimitteln (ö = oe).

1. Diese Darreichungsform kennt man z. B. zum Auftragen bei Insektenstichen: Gel.
2. Viele Medikamente werden in diesem Organ um- und abgebaut: Leber.
3. Stellt im Notfall den besten Weg dar, damit ein Arzneimittel schnell im Blut landet: die intravenöse Verabreichung (Abkürzung: i.v.).
4. Bei der intramuskulären Verabreichung (i.m.) wird das Arzneimittel in den Muskel gespritzt.
5. Darf ein Arzneimittel bei Vorliegen einer bestimmten Grunderkrankung auf keinen Fall verabreicht werden, spricht man von einer Gegenanzeige.
6. Möglichst nur teilen, wenn eine Einkerbung vorhanden ist: die Tablette.
7. Ist erst pulverförmig und muss in Wasser gelöst werden, um eine gebrauchsfertige Lösung zu ergeben: der Trockensaft.
8. Unerwünschte Wirkungen eines Arzneimittels bezeichnet man als Nebenwirkungen.
9. Eine Art rundliche Tablette mit schmackhaftem Überzug, deren Wirkstoff an bestimmten Orten des Magen-Darm-Trakts freigesetzt wird: das Dragee.
10. Zäpfchen verabreicht man über den Mastdarm, führt sie also rektal ein.
11. Alte Menschen erhalten nicht selten eine Infusion mit 0,9 %iger Kochsalzlösung.
12. Arzneimittel, die in den Mastdarm eingeführt werden, z. B. beim fiebernden Kind, heißen fachsprachlich Suppositorien.
13. Fachwort für „Einspritzung“: Injektion.
14. Kräutertees oder lauwarme Halswickel zählen zu den altbewährten Hausmitteln.
15. Wird der Magen-Darm-Trakt umgangen, erfolgt die Verabreichung parenteral.
16. Seine Blüten wie auch Beeren kommen bei einer Erkältung zum Einsatz: Holunder.
17. Damit ein Wirkstoff im Körper wirken kann, bedarf es einer minimalen Wirkstoffkonzentration im Blut.
18. Ist die Darreichungsform eine Kapsel, befindet sich der Wirkstoff in einer Gelatinehülle.
19. Fachbegriff für die ‚Verabreichung von Arzneimitteln‘: Applikation.

# 2 „Mir geht es nicht gut“ – Krankheit heute

## Krankenbeobachtung – was gehört dazu?

1 Krankenbeobachtung ist definiert als die Erfassung und Wahrnehmung des Kranken mit allen zur Verfügung stehenden Sinnen. Ergänzen Sie in der folgenden Übersicht die fehlenden Normalwerte und finden Sie Beispiele für mögliche krankhafte Veränderungen.

| Beobachtbare Merkmale | Normalwerte eines 30-jährigen Erwachsenen | Mögliche krankhafte Veränderungen |
|---|---|---|
| Körperhaltung | aufrecht, gerade und locker | gekrümmter Rücken, hängende Schultern, aufrechtes Sitzen fällt schwer usw. |
| Hautbeschaffenheit | rosig, leicht gebräunt, trocken, elastisch und leicht flaumig | Blässe, Gelbverfärbung, Blaufärbung, Hautödeme, Warzen usw. |
| Puls | 60–80 Schläge pro Minute | Pulsbeschleunigung (Tachykardie) bei 100 und mehr Pulsschlägen pro Minute<br>Pulsverlangsamung (Bradykardie) bei Pulsfrequenz unter 60 pro Minute |
| Blutdruck | 125 mmHg (systolischer Wert)<br>zu 85 mmHg (diastolischer Wert) | deutlich erhöhte (Hypertonie) oder erniedrigte (Hypotonie) Werte |
| Atmung | 16–20 Atemzüge pro Minute | unregelmäßige Atemzüge, Atemgeräusche, unangenehmer Atemgeruch usw. |
| Harn | hellgelb (verdünnt)<br>dunkelgelb (konzentriert) | bierbraun, rotbraun, weißliche Ausflockung usw. |
| Stuhl | hell- bis dunkelbraun, von fester bis breiiger Konsistenz | entfärbt, schwarz, grün, Würmer, Schleim, Blut usw. |
| Auswurf | nicht beim gesunden Menschen | dünnflüssiger, hellroter und schaumiger Auswurf, Eiter, schleimiges Sputum |
| Körpertemperatur | 36,3–37,4 °C | unter 36,2 °C, (Untertemperatur)<br>über 37,5 °C (erhöhte Temperatur) |
| Trinkverhalten | ca. 1,5 bis 2 Liter pro Tag | deutlich erhöhter oder erniedrigter Konsum |
| Nahrungsaufnahme | entspricht Geschlecht, Alter, Konstitution, Gewohnheiten, Geschmack usw. | auffällig erhöhte oder erniedrigte Essensaufnahme, Essensverweigerung usw. |
| Bewusstsein | ansprechbar, reagiert situationsbezogen und angemessen usw. | reagiert nicht auf Ansprache und Berührungen, ist verwirrt, nicht orientiert usw. |

# Messung der Körpertemperatur

**1** Ordnen Sie die nachfolgend genannten Temperaturwerte den jeweiligen Körpertemperaturarten zu.

- 35,8 °C → Untertemperatur
- 42,1 °C → sehr hohes Fieber
- 37,6 °C → erhöhte Temperatur
- 38,0 °C → mäßiges Fieber
- 38,2 °C → leichtes Fieber
- 36,5 °C → normale Temperatur
- 39,5 °C → hohes Fieber

**2** Finden Sie mögliche Vor- und Nachteile der oralen, rektalen, axillaren und tympanalen Fiebermessung beim Einsatz eines digitalen Thermometers.

| | Vorteile | Nachteile |
|---|---|---|
| Orale Messung (Messung im Mund) | ▶ angenehme Messstelle<br>▶ leichte Handhabung | ▶ annähernd genauer Messwert<br>▶ Kinder oder desorientierte Menschen können versuchen, das Thermometer zu zerbeißen (Verletzungsgefahr)<br>▶ Thermometer kann sich im Mund verschieben (falscher Messwert) |
| Rektale Messung (Messung im After) | ▶ genauestes Messergebnis | ▶ mögliche Verletzung des Schamgefühls<br>▶ Schwierigkeiten beim Einführen<br>▶ Abwehrverhalten (z.B. bei Kleinkindern)<br>▶ „Herausdrücken“ des Thermometers während der Messzeit |
| Axillare Messung (Messung in der Achselhöhle) | ▶ angenehme Messstelle<br>▶ leichte Handhabung | ▶ ungenauer Messwert<br>▶ kann beim Messen verrutschen (Gefahr eines falschen Messwertes) |
| Tympanale Messung (Messung im Gehörgang) | ▶ angenehme Messstelle<br>▶ leichte Handhabung<br>▶ stört den Kranken nicht im Schlaf<br>▶ schnelles Verfahren | ▶ oft ungenauer Messwert<br>▶ gibt häufig nur einen Anhaltspunkt, rektale Messung muss oft folgen |

# Pflege bei Fieber

1 Malen Sie die verschiedenen Temperaturbereiche des menschlichen Körpers in Gelb-, Orange- und Rottönen aus. Je höher die Temperatur im Körper, desto dunkler sollte die Farbgebung sein.

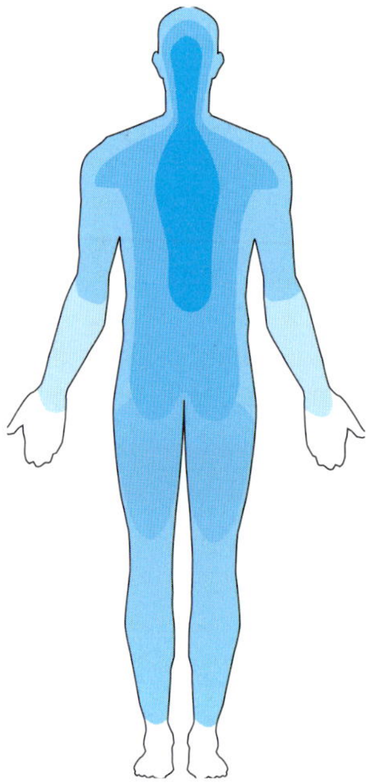

2 Sie arbeiten als Praktikantin im Altenpflegeheim Herbstgarten. Dort wohnt Frau Schmidtbauer seit fünf Jahren. Sie ist 89 Jahre alt und lebt gerne dort. Bisher geht es ihr gesundheitlich gut. Jetzt liegt sie jedoch mit einem Virusinfekt im Bett. Ihr ist furchtbar kalt und sie zittert am ganzen Körper. Ihre Mentorin spricht von Schüttelfrost und beginnendem Fieber.

a) Erklären Sie, was man unter Fieber versteht und welches Ziel der Körper mit dieser Reaktion verfolgt.

Leichtes Fieber besteht schon ab 38,1 °C. Bei Fieber handelt es sich um eine wichtige Abwehrreaktion des Körpers. Durch die Temperaturerhöhung wird es den Mikroorganismen schwerer gemacht, sich zu verbreiten. Auch werden günstige Stoffwechselprozesse im Körper angeregt, die der Heilung dienen.

b) Erklären Sie die drei typischen Phasen einer Fiebererkrankung und ergänzen Sie wichtige Pflegemaßnahmen. In welcher Phase befindet sich Frau Schmidtbauer?

| Phase | Erklärung | Pflegemaßnahmen |
|---|---|---|
| Fieberanstieg | Im Gehirn wird der Sollwert für die Körpertemperatur erhöht. Die Körpertemperatur steigt (durch Muskelkontraktionen) auf diesen Wert. Schüttelfrost (Frau Schmidtbauer) tritt auf. Dem Betroffenen ist kalt. Er fühlt sich schlapp. | Wärmezufuhr: Decken, heiße Getränke, Wärmflaschen, Zuwendung. |

| Phase | Erklärung | Pflegemaßnahmen |
| --- | --- | --- |
| Fieber-höhe | Schüttelfrost klingt ab, Haut fühlt sich warm/heiß an, Wärmebildung bleibt konstant, Schwitzen, kein Hungergefühl. | Zu warme Decken entfernen, leichtere Decke anbieten. Kontrolle der Körpertemperatur, evtl. Medikamentengabe, evtl. Waschungen, Wadenwickel (ab 39°C, nur wenn die Extremitäten heiß sind), regelmäßiger Wechsel der Bettwäsche und Schlafkleidung, viel zu trinken anbieten, regelmäßige Vitalzeichenkontrolle, Durchführung aller Prophylaxen, Zuwendung |
| Fieber-abfall | Kann schnell oder langsam erfolgen. Der schnelle Abfall der Körpertemperatur kann für den Körper sehr belastend sein (Krisis), Gefahr eines Kreislaufkollapses, Kranke sind erschöpft und wollen viel schlafen. | Temperaturkontrolle, regelmäßige Vitalzeichenkontrolle, viel trinken, kohlenhydratreiche, leicht verdauliche Kost anbieten |

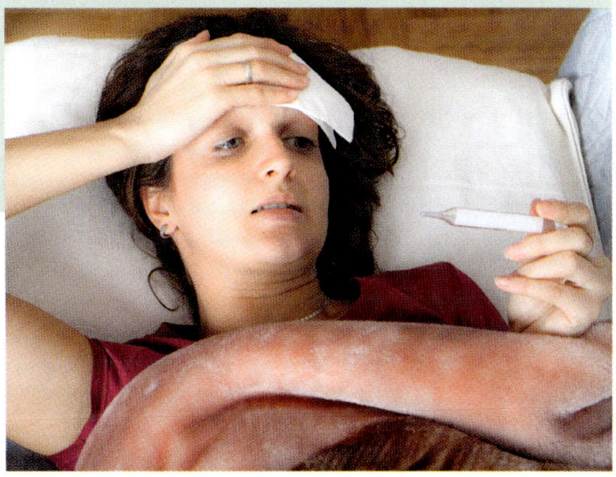

c) Bei Kindern kann es zu einem sogenannten Fieberkrampf kommen. Erklären Sie, was man darunter versteht. Wie wird ein erneutes Auftreten verhindert?

Fieberkämpfe treten meist in der Phase auf, wenn das Fieber schnell ansteigt.
Das Kind verliert das Bewusstsein und die Muskulatur beginnt zu kontrahieren.
Nach etwa 60 Sekunden fällt das Kind in einen Erschöpfungsschlaf. Zur Vorbeugung werden bereits bei 38,2°C fiebersenkende Medikamente gegeben und ein Notfallmedikament für zu Hause verordnet.

**3** Diskutieren Sie den folgenden Aussagesatz in der Klasse. Versuchen Sie Pro- und Kontra-Argumente zu finden: „Man sollte nicht bei jedem bisschen Fieber gleich den Fiebersaft geben. Fieber ist gut für den Körper!"

## Puls

1 Ergänzen Sie den nachfolgenden Text und die Übersichtstabelle über die Pulswerte.

Durch den rhythmischen Herzschlag wird das Blut in alle Körperbereiche gepumpt. Die dabei entstehenden Druckwellen werden als Puls bezeichnet und lassen sich an bestimmten Körperregionen erfühlen. Die Anzahl der Pulsschläge pro Minute bezeichnet man als Pulsfrequenz. Durch Aufregung, ungewohnte sportliche Betätigung usw. kann sich die Zahl der Pulsschläge erhöhen.

Mittelwerte für normale Pulszahlen in Ruhelage sind:

| Altersgruppe: | Pulszahlen: | |
|---|---|---|
| Säugling: | 120–140 Schläge pro Minute | Eine Pulsbeschleunigung (Tachykardie) liegt bei 100 und mehr Pulsschlägen pro Minute vor. Bei weniger als 60 Pulsschlägen pro Minute spricht man von einer Pulsverlangsamung (Bradykardie). |
| Kinder (bis zu 10 Jahren): | 90–120 Schläge pro Minute | |
| Erwachsene: | 60–80 Schläge pro Minute | |
| Alte Menschen: | 70–90 Schläge pro Minute | |
| Sportler: | 50–60 Schläge pro Minute | |

2 Nennen Sie mindestens sechs Körperstellen, an denen der Puls getastet werden kann.

- Halsschlagader
- Fußrückenarterie
- Speichenarterie
- Schläfenarterie
- Leistenarterie
- Kniearterie

3 Beschreiben Sie die folgende Abbildung über die Veränderungen der Pulsfrequenz bei verschiedener körperlicher Anstrengung. Diskutieren Sie diese Abbildung kritisch. Welche Auswirkungen zeigt ein regelmäßiges körperliches Training auf die Pulsfrequenz?

**Pulsfrequenz bei trainierter und untrainierter Person**

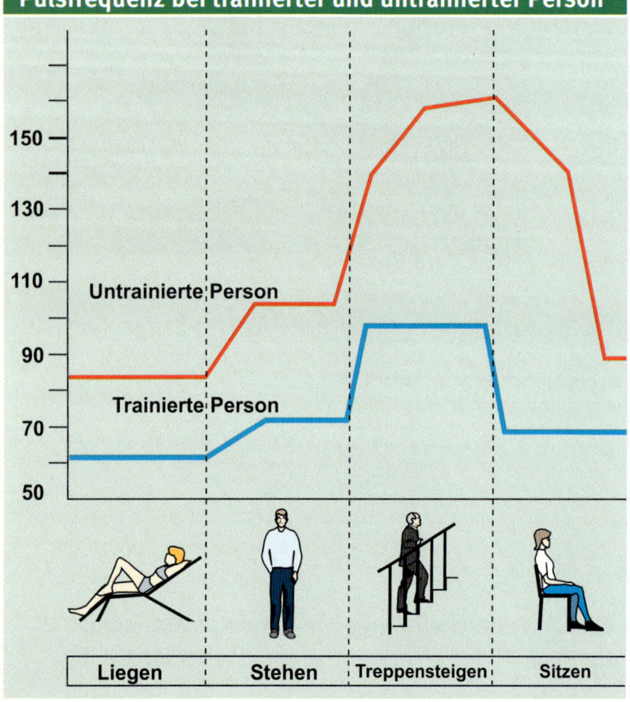


Regelmäßiges körperliches Training führt zu
a) einem niedrigeren Puls in Ruhelage und
b) einem nur geringfügigen Pulsfrequenzanstieg bei körperlicher Belastung.
Das Training stärkt die Herzmuskulatur, sodass das Herz mit einer geringeren Schlagzahl das Blut durch den Körperpumpen kann – Herzschonung.

# Blutdruckmessung

1 Ordnen Sie den Abbildungen über die Blutdruckmessung die richtigen Textbausteine zu. Ergänzen Sie die fehlenden Begriffe im Text.

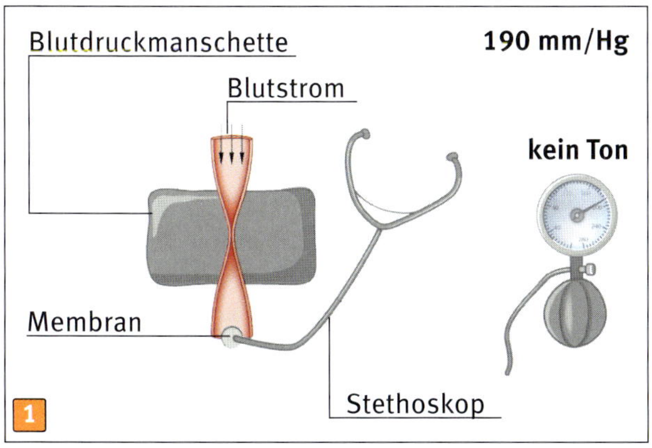


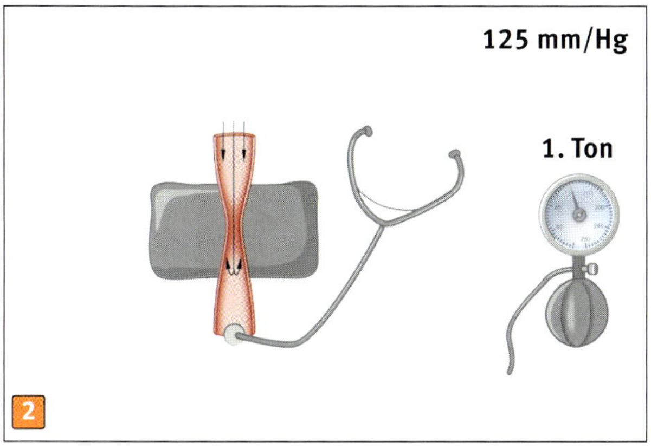


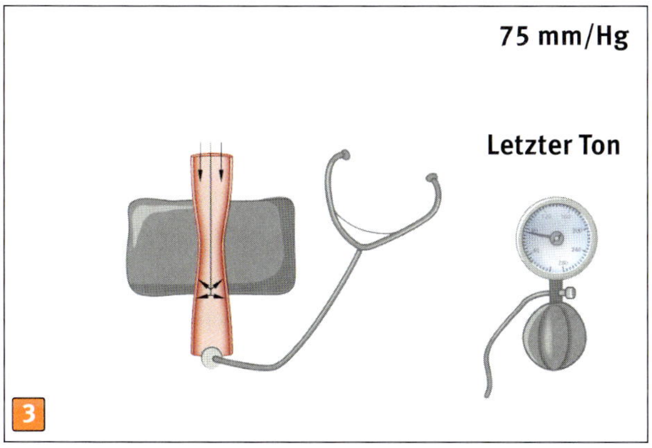


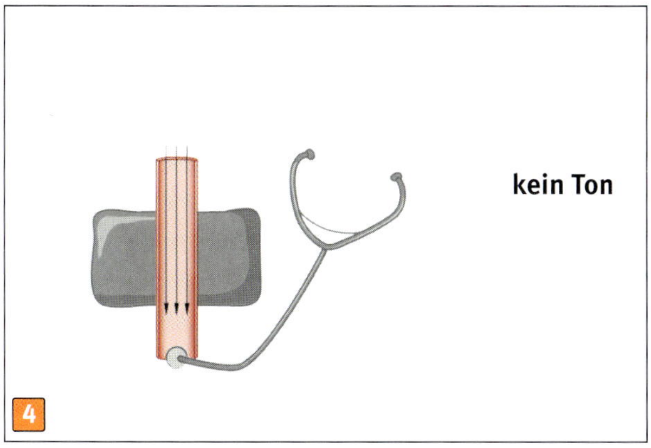


4 Nun fließt das Blut wieder ungehindert durch die Arterien. Es sind keine Geräusche mehr zu hören.

3 Mit weiter abfallendem Druck wird das Geräusch zunächst lauter, da die durchströmende Blutmenge größer wird. Dann werden die Geräusche immer leiser. In dem Moment, wo der Manschettendruck geringer ist als der diastolische Blutdruck, ist das Blutgefäß wieder vollständig geöffnet. Der Druckwert auf dem Manometer, bei dem das Geräusch aufhört, ist der diastolische Blutdruckwert (zweite Blutdruckwert).

2 Das Ventil des Aufblasballons wird dann sehr langsam geöffnet! Der Manschettendruck auf die Armarterien verringert sich. Wird der Druck auf die Armarterien nun etwas geringer als der systolische Blutdruck, fließt wieder etwas Blut durch die eingeengten Blutgefäße. Im Blutstrom kommt es durch die kleine Fließöffnung zu Verwirbelungen. Diese nehmen wir durch das Stethoskop als Geräusch wahr. Der dazugehörige Druckwert auf dem Manometer ist der systolische Blutdruckwert (erste Blutdruckwert).

1 Durch das Aufpumpen der Blutdruckmanschette entsteht ein Druck, der die Armarterien so zusammenpresst, dass kein Blut mehr weiterfließen kann.

# Krankenbeobachtung bei Stuhl und Urin

1 Veränderungen an Stuhl und Urin können harmlos sein, aber auch auf Krankheiten hinweisen.

a) Ergänzen Sie die Lücken in der nachfolgenden Übersicht über Veränderungen des Urins.

| Beobachtbare Veränderungen des Urins | | |
|---|---|---|
| | **Farbe** | **Ursache der Verfärbung** |
| **Normalbereich** 1200–1500 **ml Urinmengen/Tag** | hellgelb, verdünnt | z. B reichliches Trinken |
| | dunkelgelb, konzentriert | starker Wasserverlust oder geringe Aufnahme von Flüssigkeit, z. B. Morgenurin |
| **Krankhaft veränderter Bereich** | bierbraun (mit gelbem Schaum) | z. B. Hinweis auf eine Leberschädigung |
| | fleischwasserfarbig | z. B. Beimengungen von Blut |
| | rotbraun, weißliche Ausflockungen | z. B. Beimengungen von Blut und Eiweiß |

Achtung! Der Urin kann auch durch bestimmte Speisen (z. B. Rote Bete) oder durch Medikamente (z. B. Antibiotika) im Aussehen verändert werden.

Informieren Sie sich im Internet über verschiedene Medikamente und Lebensmittel, die eine Verfärbung des Urins verursachen können.

b) Beschreiben Sie das Aussehen von Stuhl eines gesunden Erwachsenen.

Der Stuhl eines Gesunden ist normalerweise eine weiche, geformte Masse. Farbe: hell- bis dunkelbraun. Menge: 100–500 g.

c) Ergänzen Sie die möglichen Ursachen, die zu den genannten Verfärbungen des Stuhls führen können.

| Verfärbungen des Stuhls | Mögliche Ursachen |
|---|---|
| Rot | Rote Bete, Blutungen im unteren Darmabschnitt |
| Schwarz | Einnahme von Kohle- oder Eisenpräparaten, Rotwein, Blaubeeren, Blutungen im oberen Verdauungsabschnitt (z. B. Magen) |
| Dunkelbraun | Vorwiegend Fleischnahrung |
| Grün | Spinat, schwerste Durchfälle, Säuglingsdurchfall |
| Entfärbt (lehmfarben) | Milchdiät, Verschluss der Gallengänge |

d) Zählen Sie Beimengungen des Stuhls auf, auf die Sie in der Krankenbeobachtung achten müssen.

Schleim, Blut, Eiter, Parasiten und Fettbeimengungen

# 3 Körpereigene Abwehr – was kann mein Körper tun?

## Wer ist wer im Reich der Mikroorganismen

1 Erläutern Sie den Begriff Mikroorganismen und unterteilen Sie das Reich der Mikroorganismen in vier große Gruppen. Ergänzen Sie diese mit zwei Beispielen.

Mikroorganismen sind: alle Kleinstlebewesen.

Einteilung der Mikroorganismen:

**Mikroorganismen**

| I. Bakterien | II. Viren | III. Pilze | IV. Einzeller |
|---|---|---|---|
| Streptokokken | HI-Virus | Schimmelpilz | Malaria- |
| Komma- | Herpes-Virus | Hautpilz- | erreger |
| bakterien | | erreger | Toxoplasmose- |
| | | | erreger |

2 a) Ihre Umgebung ist reich an Mikroorganismen. Ordnen Sie die nachfolgenden Zahlen an Mikroorganismen den entsprechenden Orten zu. Diskutieren Sie Ihre Einschätzung mit Ihrem Nachbarn.

| | |
|---|---|
| 100 je cm² | Schneidbretter |
| 25 Millionen je cm² | Kühlschrank |
| 11 400 000 je cm² | Gartenerde |
| 1 000 je cm² | Toilette |
| 10 000 000 je cm² | in der Spüle |
| 21 000 je cm² | Arbeitsplatte |
| 4 200 000 je cm² | Spüllappen |

b) Überlegen Sie, warum bestimmte Orte/Gegenstände so reich an Mikroorganismen sind. Durch welche Maßnahmen könnten die Zahlen verringert werden?

Mikroorganismen vermehren sich unter für sie günstigen Lebensbedingungen (Nahrung, Wärme, Zeit etc.) schnell. Durch Beseitigung dieser optimalen Lebensbedingungen (Reinigen von Gegenständen und Flächen, ggf. Desinfektion) verringert sich die Zahl der Mikroben.

## Aufbau und Vermehrung von Bakterien

**1** Beschriften Sie die folgende schematische Darstellung eines Darmbakteriums und finden Sie die Fachbegriffe für die verschiedenen Bakterienformen.

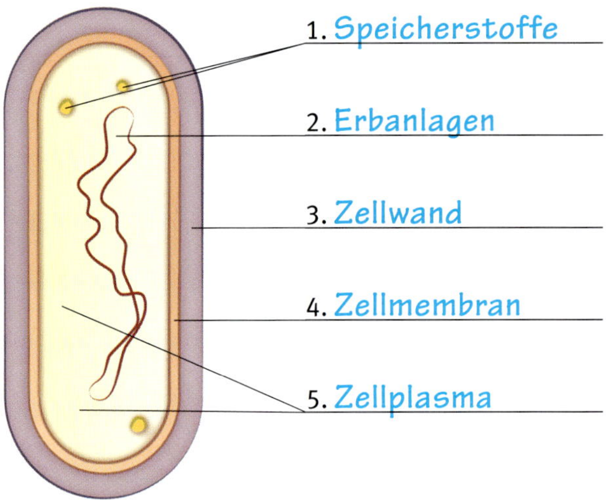


Darmbakterium

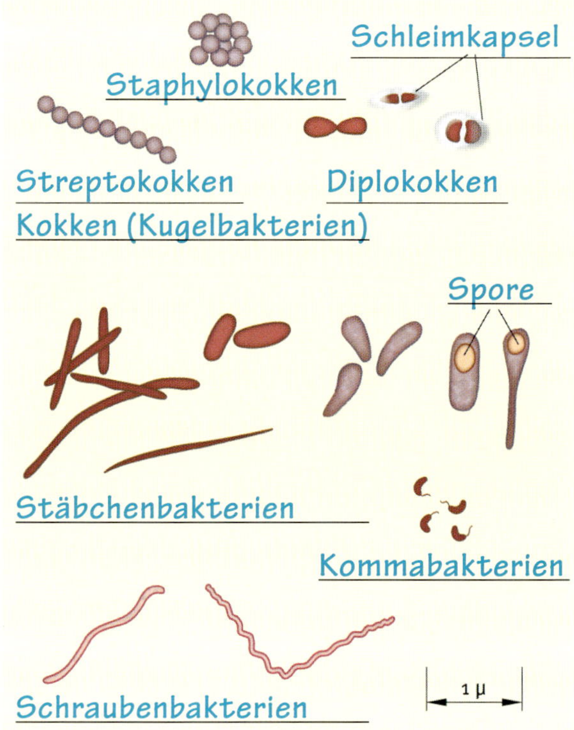


**2** Bakterien vermehren sich durch Teilung, die z. B. alle 30 Minuten erfolgt. Errechnen Sie die Zahl der Bakterien, die aus einem Bakterium nach 30, 60, 90, 120, 150 und 180 Minuten entstehen. Zeichnen Sie die Ergebnisse in das nachfolgende Koordinatenkreuz. Verbinden Sie die eingezeichneten Punkte zu einem Graphen und überlegen Sie, welche Aussagen Sie aus der Grafik über die Vermehrung der Bakterien ableiten können.

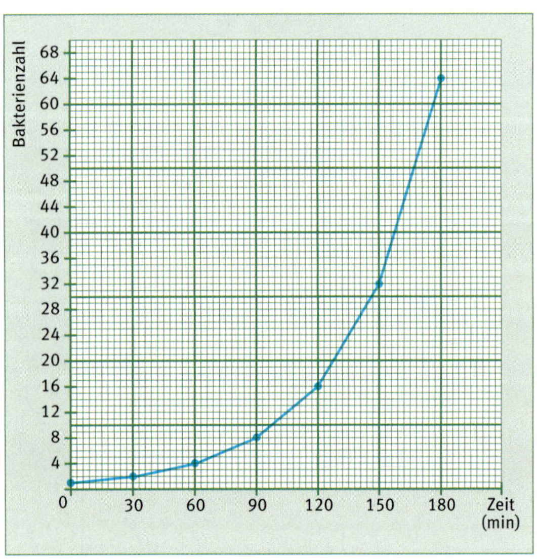


Die Bakterienvermehrung verläuft exponentiell. Innerhalb kurzer Zeit entwickeln sich aus einem Bakterium viele andere. Nach einigen Stunden geht ihre Zahl über die Hunderttausend. Dieses Vermehrungspotenzial kann eine große Gefahr darstellen, z. B. bei mit Bakterien befallenen Lebensmitteln.

**3** Ergänzen Sie die Lebensbedingungen von Bakterien.

Was Bakterien zum Leben brauchen:

- Nährstoffe
- Wasser
- Wärme
- Sauerstoff (viele Arten)

Sie mögen keine:

- Hitze
- Säure

# Vermehrungszyklus der Viren

1. Schneiden Sie die folgenden Abbildungen zur Vermehrung von Viren aus und bringen Sie diese in eine sinnvolle kreisförmige Anordnung.

2. Kleben Sie diese dann auf ein gesondertes Blatt und beschreiben Sie die einzelnen Phasen der Virusvermehrung.

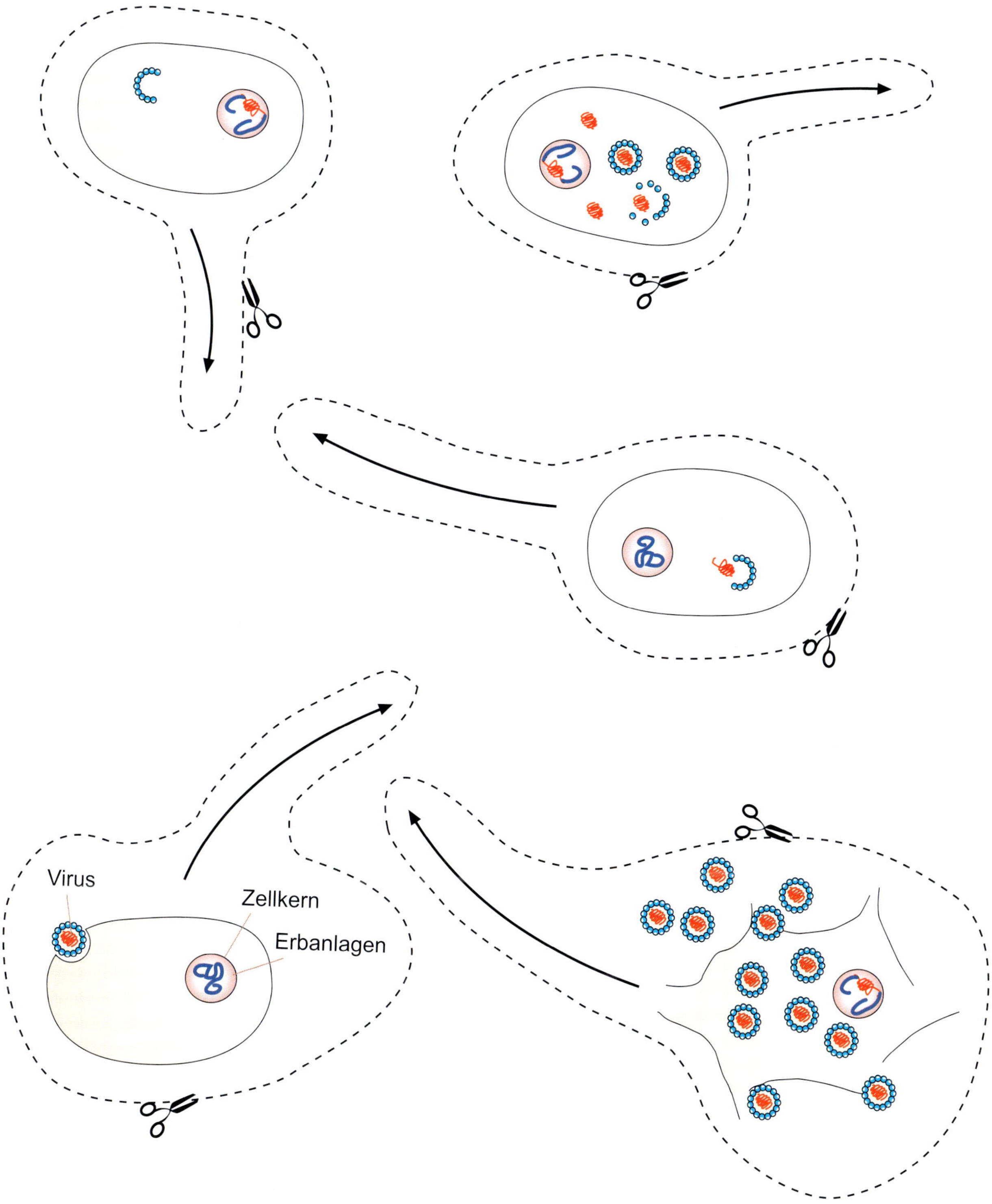

## Lösung

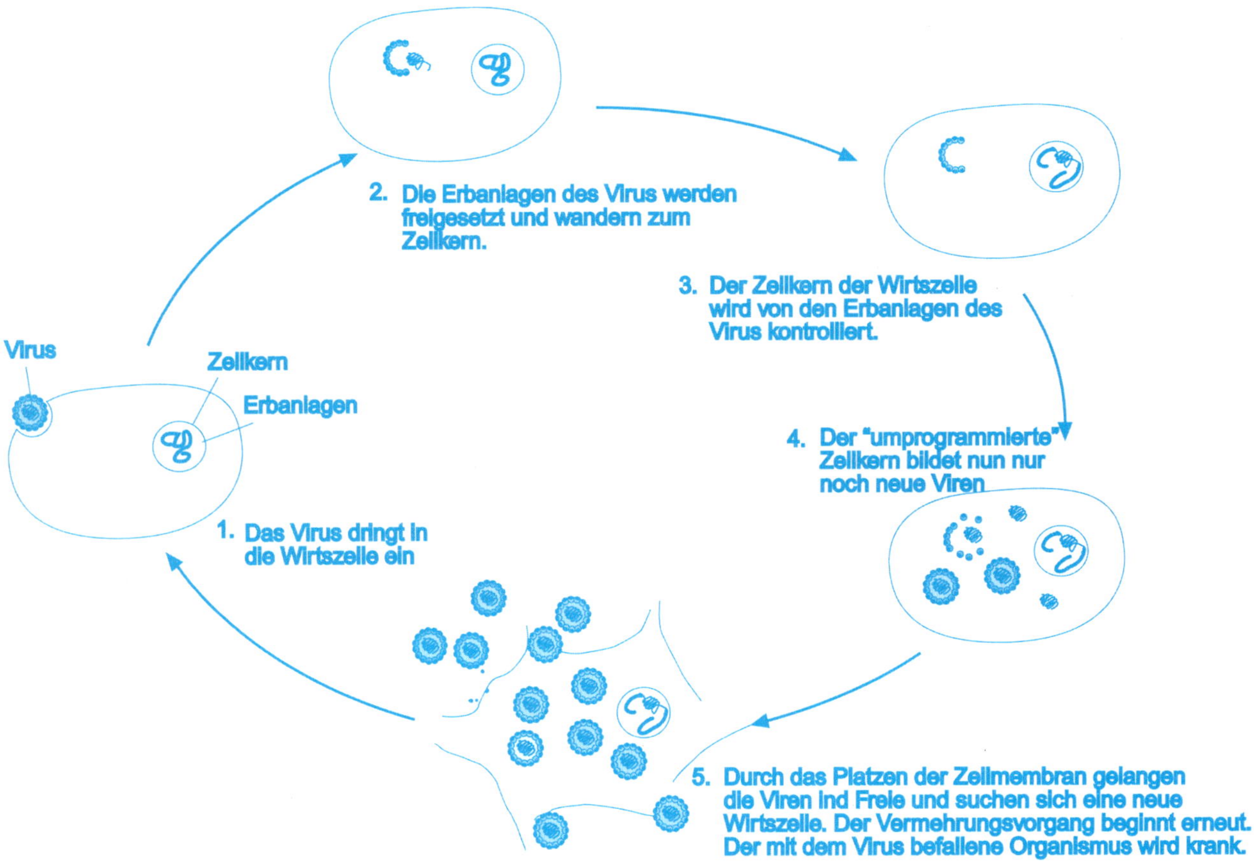
Virus
Zellkern
Erbanlagen
1. Das Virus dringt in die Wirtszelle ein
2. Die Erbanlagen des Virus werden freigesetzt und wandern zum Zellkern.
3. Der Zellkern der Wirtszelle wird von den Erbanlagen des Virus kontrolliert.
4. Der "umprogrammierte" Zellkern bildet nun nur noch neue Viren
5. Durch das Platzen der Zellmembran gelangen die Viren ind Freie und suchen sich eine neue Wirtszelle. Der Vermehrungsvorgang beginnt erneut. Der mit dem Virus befallene Organismus wird krank.

# Infektionswege für Mikroorganismen

1 Ergänzen Sie die Eintrittspforten des menschlichen Körpers für Mikroorganismen und finden Sie Beispiele für Erkrankungen.

Nasen-Rachen-Raum: Schnupfen (Rhinoviren), Nebenhöhlenentzündung

Hautverletzung: Entzündungen (Bakterien), Mykosen (Pilze), Warzen (Viren)

Geschlechts- und Harnwegsöffnungen: AIDS, Hepatitis B/C (Viren), Tripper (Bakterien), Harnwegsinfekte (Bakterien)

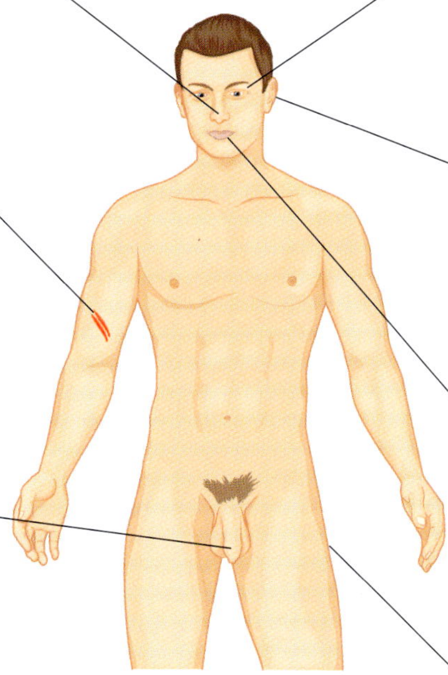

Auge: Bindehautentzündung (Viren, Bakterien)

Ohren: Entzündungen, Bakterien

Mund: Scharlach (Bakterien), Angina (Bakterien)

After: Entzündungen (Bakterien), Mykosen (Pilze)

2 Überlegen Sie sich Maßnahmen, wie das Eindringen der Mikroorganismen verhindert oder verringert werden kann.

Haut intakt halten (Hautpflege), bei Hautdefekten Pflaster verwenden. Im Pflegebereich Handschuhe tragen. Sich nicht anhusten/anniesen lassen. Brille als Schutz benutzen. Kondome zum Schutz vor sexuell übertragbaren Krankheiten benutzen. Sterile Instrumente verwenden. Immunsystem stärken. Hände desinfizieren.

3 Infektionskrankheiten verlaufen in charakteristischen Phasen. Erklären Sie am Beispiel einer Bronchitis die Phasen einer Infektionskrankheit. Verwenden Sie dabei die folgenden Begriffe: Generalisationsstadium, Inkubationszeit, Vorstadium (Promodalstadium), Genesungsstadium.

Inkubationszeit: wenige Tage bis 1 Woche.

Vorstadium: Unwohlsein, "Kratzen im Hals", leichter Husten/Hustenreiz.

Generalisationsstadium: dauerhafter Husten, leichtes Fieber, Geräusche in der Lunge, Sputum bildet sich.

Genesungsstadium: Die Symptome bilden sich zurück, das Gewebe heilt, Wiederherstellung der Gesundheit.

## Infektionskrankheiten

1 Überprüfen Sie Ihr Fachwissen. Ordnen Sie den nachfolgenden Symptomen die jeweilige Infektionskrankheit zu.

| | |
|---|---|
| Kopliksche Flecken (Lichtscheue, fleckiger Ausschlag) | Röteln |
| Schmetterlingsförmiger Ausschlag im Gesicht | Windpocken |
| Bläschenausschlag auf der Haut, der verkrustet, starker Juckreiz | Scharlach |
| Himbeerzunge, starke Halsschmerzen, Hautausschlag | Herpes |
| Schmerzhafte Schwellung der Ohrspeicheldrüse | Keuchhusten |
| Schmerzende Bläschenbildung an der Lippe | Masern |
| Lang anhaltender Husten mit Hustenkrämpfen und Schleimerbrechen | Mumps |
| Hautablösungen, weiße Beläge, starker Juckreiz, Geruch | Mykose |
| Kleinfleckiger, hellroter Ausschlag streifenartig am Oberkörper, Schwellung der Lymphknoten hinter den Ohren | Ringelröteln |

2 In vielen Kindertagesstätten werden häufig Informationsschilder über aktuell vorkommende Infektionskrankheiten ausgehängt. Diese sollen die Eltern informieren und helfen, die Verbreitung der Krankheit einzudämmen. Erarbeiten Sie sich mithilfe von Fachbüchern und dem Internet die nachfolgenden Krankheiten. Stellen Sie sich gegenseitig Ihre Ergebnisse vor.

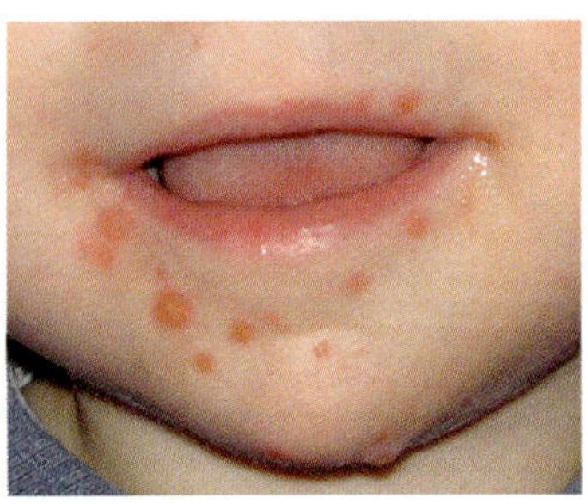

Hand-Mund-Fuß-Krankheit

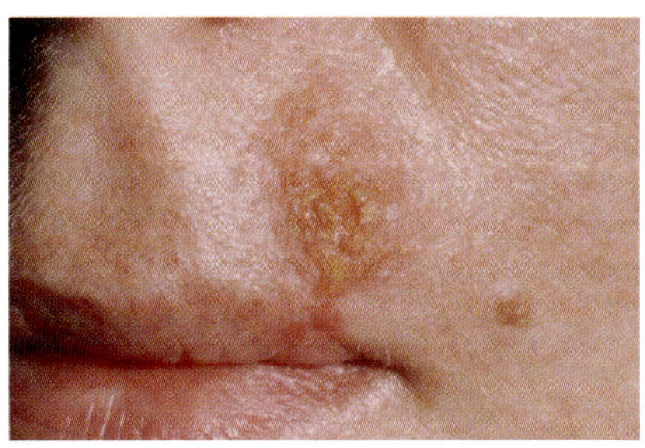

Impetigo contagiosa

- Noro-Erkrankung
- Bindehautentzündung (ansteckende Form)
- Impetigo contagiosa (ansteckende Borkenflechte)
- Hand-Mund-Fuß-Krankheit

3 Sie arbeiten als Erzieherin im Kindergarten „Sonnenbär“. Eine Mutter bringt ihre offensichtlich fiebernde Tochter und sagt Ihnen, dass der Arzt zwar von Windpocken gesprochen hätte, sie aber nun mal zur Arbeit müsste. Wie reagieren Sie? Begründen Sie Ihre Vorgehensweise.

Ein fieberndes Kind ist als ansteckend zu betrachten. Die Diagnose „Windpocken“ (IfSchG) begründet, dass das Kind nicht in einer Gemeinschaftseinrichtung betreut werden darf.

# Entstehung einer Immunität

1 Beschreiben Sie anhand der Abbildungen die Entstehung einer Immunität am Beispiel eines grippalen Infektes.

• = Viren
Y = Antikörper

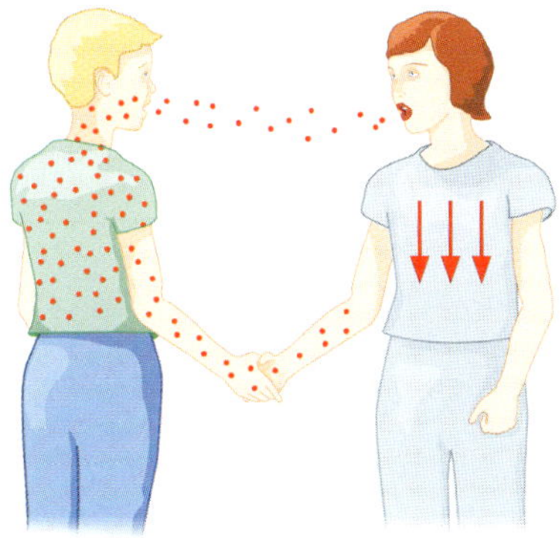

► Die Viren gelangen z. B. durch den Nasen-Rachen-Raum in den Körper und vermehren sich.

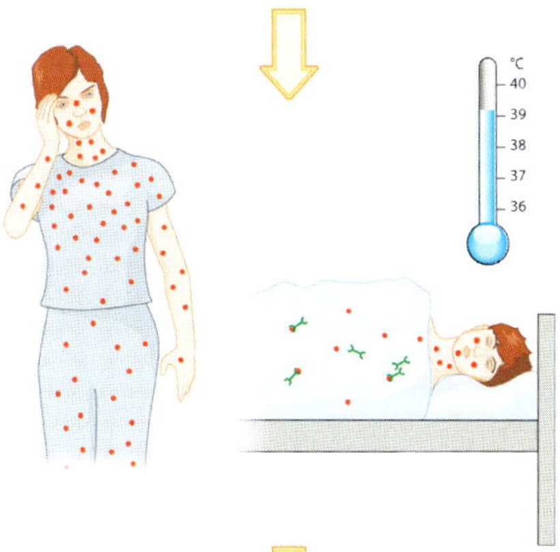


► Es treten Krankheitszeichen auf (Unwohlsein, Fieber). Der Körper beginnt, Antikörper gegen die Viren zu bilden. Diese lagern sich an die Viren an.

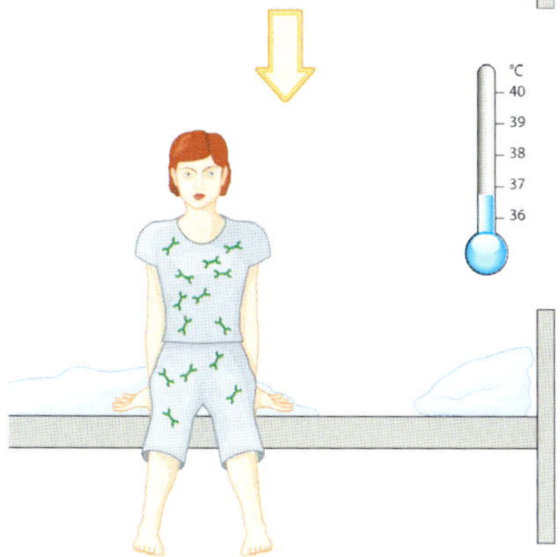


► Die Viren werden durch die Antikörper inaktiviert. Das Fieber sinkt. Der Mensch erholt sich.

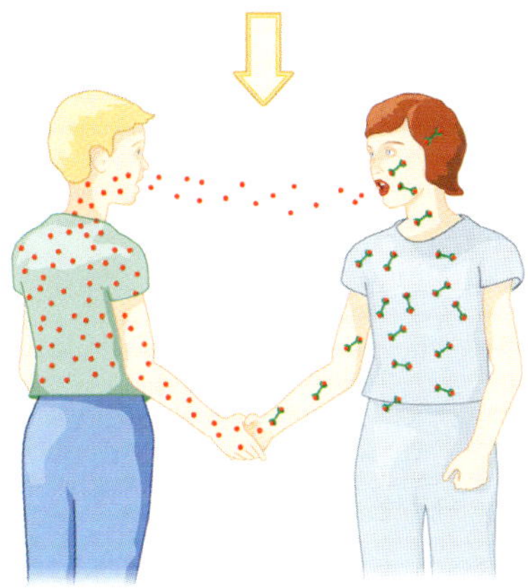

► Bei einer erneuten Infektion mit demselben Erreger sind genügend Antikörper vorhanden. Der Mensch erkrankt nicht.

## Eine aufsehenerregende Entdeckung ...

1 Lesen Sie sich den nachfolgenden Lückentext genau durch und ergänzen Sie mit den folgenden Wörtern die Lücken im Text sinnvoll.

2 Diskutieren Sie anschließend in der Klasse die Bedeutung der Entdeckung von Edward Jenner.

Schüttelfrost, erkrankten, eine dritte, ausgerottet, Narben, Pocken, gesunde Kuh, schützen, Pockenpusteln, Landarzt, infizieren, Schutzimpfung, Jenner, Berühren der Pockenpusteln, Impfstoff, Kuhpocken, Melken, 1796

Im Jahr 1796 war Edward Jenner Landarzt in dem englischen Dorf Berkeley. Die Pocken waren in der damaligen Zeit eine der gefürchtetsten Krankheiten, die in kurzer Zeit ganze Landstriche entvölkern konnte.

Die Pocken waren eine sehr ansteckende Krankheit. Die Übertragung erfolgte überwiegend mit einer Tröpfcheninfektion oder durch das Berühren der Pockenpusteln. Etwa zehn bis zwölf Tage nach der Infektion kam es bei den Kranken zu starkem Schüttelfrost mit hohem Fieber und starken Kreuzschmerzen. Nach drei bis vier Tagen zeigte sich ein roter Hautausschlag, besonders an Bauch und Oberschenkeln. Auf der Haut bildeten sich mit trübem Eiter oder Blut gefüllte Pockenpusteln.

Mehr als 40 Prozent aller Kranken starben an dieser Krankheit. Bei den Menschen, die überlebten, sank nach etwa zwölf Tagen das Fieber und die Pusteln trockneten ein. Es bildeten sich starke Narben, die das Überleben dieser Krankheit für alle sichtbar machten.

Jenner beobachtete, dass die Überlebenden niemals wieder an Pocken erkrankten, selbst wenn sie intensiven Kontakt zu Kranken hatten. Es schien ihm, als würde eine unsichtbare Macht diese Menschen vor der gefürchteten Krankheit schützen.

Eine den Pocken ähnliche, aber sehr viel leichter verlaufende Krankheit waren die Kuhpocken. Viele Kühe litten in der damaligen Zeit daran und so infizierten sich die Mägde und Knechte häufig beim Melken. Auffällig war, dass die einmal an Kuhpocken erkrankten Mägde und Knechte niemals die echten Pocken bekamen. Sie schienen über denselben Schutz zu verfügen wie die Überlebenden der Pockenerkrankung. Diese Beobachtungen brachten Edward Jenner auf die Idee, Menschen bewusst mit den Kuhpocken zu infizieren, um sie vor den echten Pocken zu schützen. Jenner entnahm dazu einem an Kuhpocken erkrankten Tier etwas Lymphflüssigkeit und infizierte damit eine gesunde Kuh. Diesem zweiten Tier entnahm er nach einiger Zeit wieder etwas Lymphflüssigkeit und übertrug diese auf eine dritte gesunde Kuh usw. Der zuletzt so behandelten Kuh entnahm dann Jenner erneut Lymphflüssigkeit, den eigentlichen Impfstoff. Jenner hoffte, dass sich die von ihm in der Lymphflüssigkeit vermuteten Erreger durch die Übertragungsreihe abgeschwächt hätten. So wollte er das Risiko bei der Impfung verringern. Jenner impfte zunächst einen Stallburschen mit dem Kuhpockenserum. Die Impfung war erfolgreich. Jenner hatte damit die erste wirksame Schutzimpfung entwickelt. Die Zahl der Pockenerkrankungen sank mit der zunehmenden Zahl der Impfungen rapide. Seit 1977 gelten die Pocken als ausgerottet.

# Aktive Schutzimpfung

1 Ordnen Sie den Abbildungen zur aktiven Schutzimpfung die richtigen Textbausteine zu. Ziehen Sie dazu Verbindungslinien.

• = abgeschwächte Erreger/Giftstoffe • = infektiöse Erreger ᛯ = Antikörper

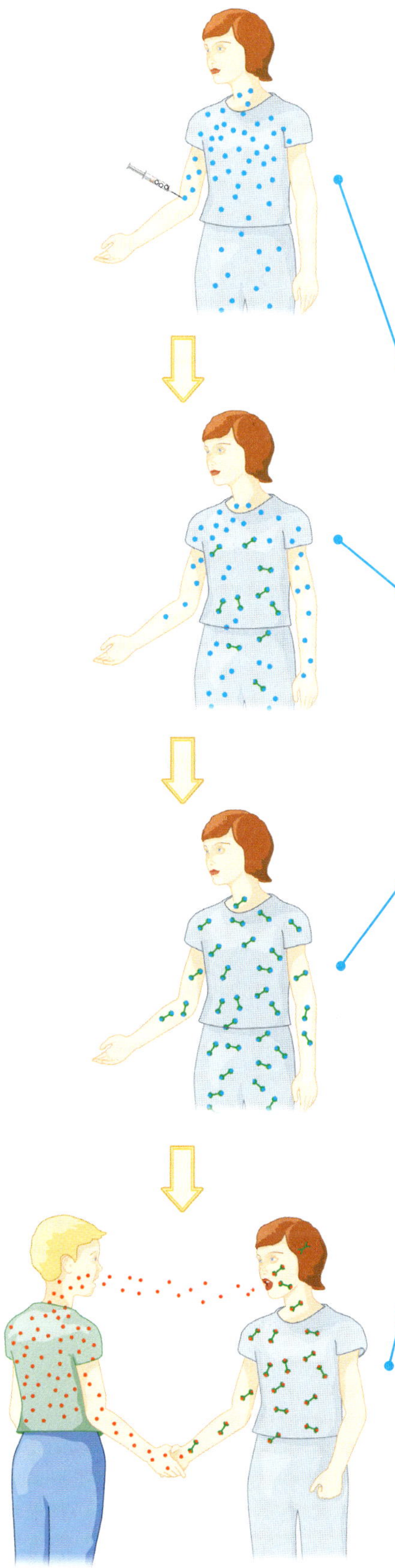

Die Antikörper bleiben im Körper. Bei einer echten Infektion sind genügend Antikörper vorhanden. Der Mensch erkrankt nicht.

Die Antikörper lagern sich an die Erreger/Gifte an und inaktivieren sie.

Der Körper bildet genau passende Antikörper gegen die gespritzten Erreger/Gifte.

Dem gesunden Menschen werden abgeschwächte Erreger oder abgeschwächte Giftstoffe gespritzt.

## Aktive und passive Schutzimpfung

1 Beschreiben Sie anhand der beiden Abbildungen die Vorgänge bei der passiven Schutzimpfung.

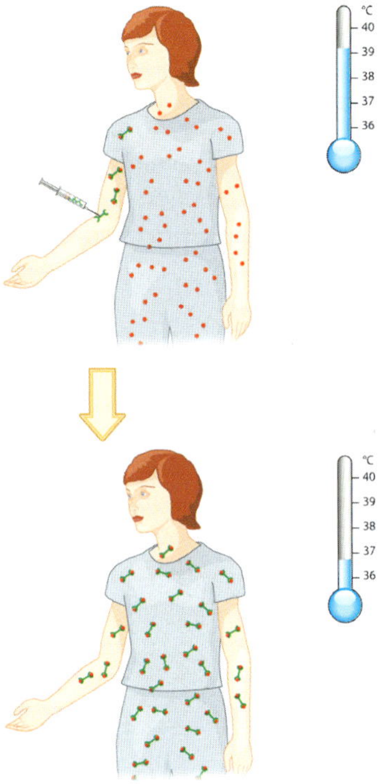


1. ▶ Dem bereits erkrankten Menschen werden körperfremde Antikörper gespritzt.

2. ▶ Die Antikörper lagern sich an die Erreger an und inaktivieren sie.
Der Mensch erholt sich wieder.

2 Erstellen Sie eine Übersicht mit den charakteristischen Unterschieden zwischen einer aktiven und passiven Schutzimpfung.

| | Aktive Schutzimpfung | Passive Schutzimpfung |
|---|---|---|
| Impfsubstanz | ▶ abgeschwächte Erreger oder abgeschwächte Gifte | ▶ körperfremde Antikörper |
| Zeitpunkt der Impfung | ▶ Impfung erfolgt meistens vor einer möglichen Infektion | ▶ Impfung erfolgt bei wahrscheinlicher Infektion oder Erkrankung |
| Wirkungsweise | ▶ der Körper bildet körpereigene Antikörper als Schutz bei einer möglichen Infektion | ▶ die körperfremden Antikörper lagern sich an Erreger oder Giftstoffe an und inaktivieren sie |
| Wirkungsdauer | ▶ je nach Impfung zwischen einigen Monaten/Jahren und lebenslang | ▶ einige Wochen, die Antikörper werden vom Körper abgebaut |

# Impfen – eine Pro-und-Kontra-Diskussion

1 Lesen Sie sich die nachfolgenden Meinungen zum Thema Impfen von Kindern durch und diskutieren Sie diese kritisch in der Klasse. Beachten Sie dabei die möglichen Gefahren, die beim Nichtimpfen von Kindern auftreten können.

**Ludwig B., 38 Jahre, Zahntechniker, Vater von drei Kindern:**

Meine Frau und ich haben lange über das Thema Impfungen diskutiert und uns informiert. Im Internet haben wir auch viele Seiten von „Impfgegnern“ gefunden, die dringend vom Impfen der Kinder abraten, sodass wir uns letztlich dagegen entschieden haben. Unserem Kinderarzt gefällt unsere Einstellung ganz und gar nicht. Aber unsere Kinder sollen natürlich aufwachsen. Wir haben uns in einem kleinen Dorf ein Haus gekauft. Die Kinder können viel an der gesunden Luft sein, und das, was wir essen, besorgen wir uns, soweit es geht, von den hier ansässigen Biobauern. So stärken wir das Immunsystem der Kinder und sorgen für eine gesunde körperliche Entwicklung. Impfungen lehnen wir aus folgenden Gründen ab: Die Gefahr, dass eines unserer Kinder durch eine Impfung geschädigt wird, z. B. durch eine Lähmung, ist uns einfach zu groß. Wir würden uns das ganze Leben Vorwürfe machen. Auch sind Krankheiten wie Diphtherie, Keuchhusten usw. selten geworden.
Wer hat schon mal von einem Fall gehört, dass jemand in der Nachbarschaft an Wundstarrkrampf (Tetanus) erkrankt ist? Wir jedenfalls nicht. Warum dann aber eine Impfung?
Ich selbst habe in meiner Kindheit auch Masern und Mumps gehabt und es hat mir nicht geschadet. Das Immunsystem wird doch dadurch erst gestärkt und kann sich auch gegen andere Eindringlinge besser verteidigen. Unser Heilpraktiker Herr Bauer sagt auch immer, dass sich ein gesundes Immunsystem gegen jeden Erreger verteidigen kann ...

**Dr. Hummer, 44 Jahre, praktischer Arzt, zwei Kinder:**

Also, es gibt für mich keine Frage, Impfungen retten Leben! Wer anders denkt, handelt für mich verantwortungslos. Meine zwei Kinder sind gemäß dem Impfplan geimpft und sind beide gesund. Die sogenannten Impfkomplikationen, die von Impfgegnern gern als mögliches Risiko genannt werden, treten äußerst selten auf. Je nach Impfung liegt die Wahrscheinlichkeit bei 1 : 1000000. Wer einmal gesehen hat, wie ein nicht geimpftes Kind nach einer Kinderlähmungserkrankung nicht mehr laufen kann oder bei einer Diphtherieerkrankung zu ersticken droht, wird sofort eine Impfung befürworten. Oft höre ich in meiner Praxis das Argument: „Herr Doktor, diese Krankheiten gibt es doch gar nicht mehr.“
Da frage ich, warum ist das so? Natürlich spielen die verbesserten Lebensbedingungen und die Hygiene eine Rolle, aber der Hauptgrund ist, dass keine Ansteckung mehr erfolgen kann, da fast alle in der Bevölkerung geimpft sind. Durch eine Impfung schütze ich nicht nur mich, sondern auch andere! Sinkt die Zahl der geimpften Menschen, wird das Risiko für eine flächendeckende Ausbreitung von Krankheiten, z. B. Diphtherie, immer größer. Nehmen wir auch mal das Beispiel Wundstarrkrampf. Jeder kann sich infizieren! Die Erreger finden sich überall in der Erde. Gelangen sie über auch nur eine kleine Wunde, z. B. durch einen Holzsplitter, in den Körper, bilden sie bald Giftstoffe, die meist zum Tode führen. Auch heute noch gibt es in der Medizin nur wenige Möglichkeiten, z. B. Antiserum, um im Krankheitsfall zu helfen. Gegen solche gefährlichen Giftstoffe, Bakterien und Viren kann sich auch ein noch so gesundes Immunsystem nicht schützen. Auch die als Kinderkrankheiten wahrgenommenen Masern und Mumps können schwere Komplikationen verursachen. Diese Krankheiten sind nicht harmlos! Ich rate daher allen: Lasst euch impfen!

2 Informieren Sie sich weiter in der Fachliteratur oder z. B. bei Kinderärzten.

3 Besuchen und informieren Sie sich auch auf verschiedenen Seiten im Internet von sogenannten Impfgegnern. Sammeln Sie deren Argumente und stellen Sie diese den Argumenten der Befürworter gegenüber. Diskutieren Sie in der Klasse. Begründen Sie Ihre eigene Meinung.

4 Erklären Sie folgende Aussage:

Wenn ich mich impfen lasse, schütze ich auch die, die sich nicht impfen lassen dürfen.

## Impfempfehlungen

**1** In Deutschland werden die Impfempfehlungen von der Ständigen Impfkommission (StiKo) herausgegeben. Lesen Sie sich den Impfkalender durch. Erarbeiten Sie sich dann mithilfe von Fachbüchern und dem Internet wichtige Aspekte der Erkrankungen, gegen die geimpft wird. Dokumentieren Sie Ihre Ergebnisse.

# IMPFKALENDER

Stand: Juli 2012
Nach den Empfehlungen der Ständigen Impfkommission (STIKO)

| Empfohlenes Impfalter / Impfung gegen | Alter in Monaten | | | | | Alter in Jahren | | | | | |
|---|---|---|---|---|---|---|---|---|---|---|---|
| | 2 | 3 | 4 | 11-14 | 15-23 | 2-4 | 5-6 | 7-8 | 9-17 | ab 18 | ab 60 |
| Wundstarrkrampf (Tetanus) | G1 | G2 | G3 | G4 | N | | A1 | N | A2 | A [b)] | |
| Diphtherie | G1 | G2 | G3 | G4 | N | | A1 | N | A2 | A [b)] | |
| Keuchhusten (Pertussis) | G1 | G2 | G3 | G4 | N | | A1 | N | A2 | A [c)] | |
| Kinderlähmung (Poliomyelitis) | G1 | G2 [a)] | G3 | G4 | N | | | | A1 | ggf. N | |
| Hepatitis B | G1 | G2 [a)] | G3 | G4 | N | | | | | | |
| Haemophilus influenzae Typ b (Hib) | G1 | G2 [a)] | G3 | G4 | N | | | | | | |
| Pneumokokken | G1 | G2 | G3 | G4 | N | | | | | | S [e)] |
| Meningokokken | | | | G1 [d)] | | | N | | | | |
| Masern, Mumps, Röteln (MMR) | | | | G1 | G2 | | N | | | S [f)] | |
| Windpocken (Varizellen) | | | | G1 | G2 | | N | | | | |
| Humane Papillomviren (HPV) | | | | | | | | | S [g)] | | |
| Influenza | | | | | | | | | | | S [h)] |

G Grundimmunisierung · S Standardimpfung · A Auffrischimpfung · N Nachholimpfung

a) Bei Einzelimpfstoffen kann diese Dosis entfallen.
b) Auffrischimpfung alle 10 Jahre
c) Die nächste fällige Tetanus-Diphtherie-(Td)-Impfung soll einmalig mit einem Td-Pertussis bzw. Td-Pertussis-Poliomyelitis-Impfstoff erfolgen.
d) Ab dem vollendeten 12. Lebensmonat
e) Einmalige Impfung mit Polysaccharid-Impfstoff, nur ggf. Auffrischimpfung empfohlen
f) Einmalige Masern-Impfung (vorzugsweise MMR) für alle nach 1970 Geborenen ohne ausreichenden Impfschutz
g) Für alle Mädchen im Alter von 12 bis 17 Jahren
h) Jährlich mit aktuellem Impfstoff

**Ziel muss es sein, möglichst frühzeitig einen vollständigen Impfschutz zu erreichen. Abweichungen von den angegebenen Terminen sind möglich und unter Umständen notwendig.**

© DEUTSCHES GRÜNES KREUZ e. V. · Nikolaistraße 3 · 35037 Marburg · Telefon 06421 293-0 · Telefax 06421 293-187 · www.dgk.de

**2** Überlegen Sie, warum in bestimmten Altersstufen geimpft wird.

Impfungen erfolgen sehr früh, um das Kind vor gefährlichen Erkrankungen zu schützen (Tetanus etc.).
Weitere Impfungen folgen, wenn der „Nestschutz“ des Kindes durch die Mutter nicht mehr besteht. (Masern etc.).
Impfungen erfolgen mehrfach, um einen sicheren Schutz zu erzeugen (MMR-Impfung).
Auffrischimpfungen erhalten den Schutz (Tetanus).
Impfungen für bestimmte Personengruppen (HPV-Impfung bei Mädchen).

**3** Überprüfen Sie Ihren eigenen Impfpass auf Vollständigkeit. Haben Sie auch an den Auffrischimpfungen teilgenommen?

**4** Begründen Sie, warum Impfungen wiederholt und aufgefrischt werden müssen.

Immunantwort soll stärker und mehr Antikörper gebildet werden.
Auffrischimpfungen aktivieren das Immungedächtnis erneut.

**5** Der Impfkalender wird regelmäßig von der StiKo aktualisiert und verändert. Begründen Sie.

Neue Impfstoffe, Unverträglichkeiten.
Neue Infektionskrankheiten, Kombinationsimpfungen werden möglich etc.

## Allergie

**1** Erklären Sie, was man unter einer Allergie versteht.

Bei einer Allergie reagiert der Körper heftig auf eigentlich harmlose Stoffe aus seiner Umwelt. Harmlose Fremdkörper werden wie gefährliche Krankheitserreger bekämpft (Bildung von Antikörpern). Diese Reaktion dauert meist so lange, wie der Kontakt zu dem Allergen anhält.

**2** Kreuzen Sie an, auf welche Substanzen viele Menschen mit allergischen Symptomen reagieren.

☐ Holz ☒ nickelhaltiger Schmuck ☒ Insektengifte (z. B. Biene, Wespe) ☐ Luft
☒ Blütenpollen ☒ Tierhaare ☐ Porzellan ☒ Hausstaub ☒ Latex

**3** Erläutern Sie die nachfolgende Abbildung und stellen Sie Überlegungen an, warum die Zahl der Allergien so stark gestiegen ist.

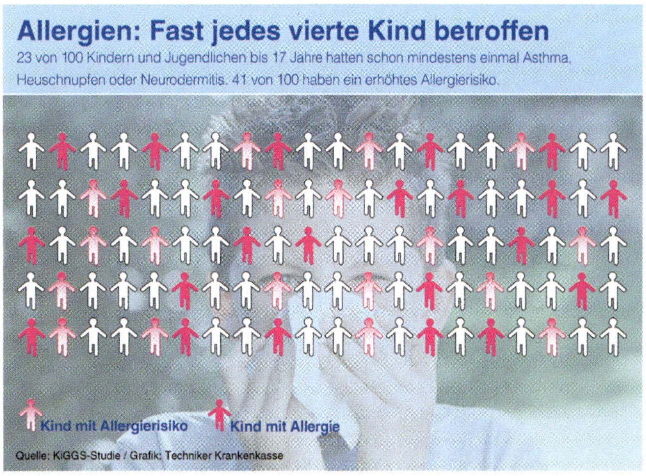


- Ursachen sind nicht gänzlich erforscht, Veranlagung (genetische Disposition) scheint eine wichtige Rolle zu spielen.
- Umweltfaktoren (Kontakt mit einer sehr hohen Zahl an allergieauslösenden Substanzen)
- Umweltbelastungen
- Individuelle Lebensweise
- Fehlendes Training des Immunsystems durch ein zu hygienisches Leben (Hygienehypothese ,Kinder haben zu wenig Kontakt zur Natur, Erde, Tieren usw.)

**4** Ergänzen Sie den nachfolgenden Text über die notwendigen Maßnahmen beim Auftreten einer Allergie.

Vitalzeichen, Notarzt, Allergen, beruhigen, Notfallmedikamenten, Atemnot, Puls, Schwellungen, Allergiesymptome, entfernen, Schwellungen

Wenn möglich, das betreffende **Allergen** sofort **entfernen**. Die **Vitalzeichen** (Atmung, Blutdruck, **Puls**, Bewusstsein usw.) sowie die auftretenden **Allergiesymptome** überwachen. In der Kleidung des Allergikers nach **Notfallmedikamenten** suchen und ihm helfen, sich diese selbst zu verabreichen. **Schwellungen** sofort kühlen. Bei schweren Symptomen, wie **Atemnot**, **Schwellungen** usw., sofort den **Notarzt** verständigen und den Betroffenen bis zum Eintreffen **beruhigen**.

# 4 Hygiene und Arbeitsschutz

## Hygienisches Arbeiten

1 Beschreiben Sie, was man unter Hygiene versteht.

Hygiene ist nach der Gesundheitsberichterstattung des Bundes als die vorbeugende Medizin definiert. Dazu gehören die Gesamtheit aller Bestrebungen und Maßnahmen zur Verhütung von Krankheiten und Gesundheitsschäden beim Einzelnen und bei der Allgemeinheit.

2 Überlegen Sie, welche beobachtete private oder berufliche Situation Sie als unhygienisch empfunden haben. Begründen Sie Ihre Meinung.

Individuelle Lösungen, z. B. fehlendes Händewaschen nach dem Toilettengang, Benutzen von Putzlappen fürs Geschirrspülen und Toilettenreinigung, Begründung: Keime werden verschleppt, es kommt zu Schmierinfektionen.

3 Lesen und erklären Sie die beiden nachfolgenden Aussprüche des schottischen Chirurgen und Begründers aseptischer (keimtötender) Maßnahmen, J. Lister (1827–1912):

„Wir müssen in der Lage sein, die septischen Fermente (damit meinte er die Mikroorganismen) mit dem geistigen Auge zu sehen, genauso deutlich, wie wir Fliegen und Insekten mit den körperlichen Augen wahrnehmen. Nur dann kann man wirklich auf der Hut vor ihnen sein. Die Unsichtbarkeit ist die stärkste Waffe dieser „Feinde" der Menschheit."

Mikroorganismen werden in ihrer Existenz oft vergessen, da sie mit bloßem Auge nicht zu sehen sind. Wir müssen lernen, die Welt so zu betrachten, dass diese Keime immer da sind, und je nach Situation entsprechende Maßnahmen einleiten.

4 Die Desinfektion der Hände ist in der Praxis ein sehr probates Mittel, um die Verschleppung von Keimen zu verhindern bzw. stark zu mindern. Rufen Sie sich die Abfolge der Händedesinfektion ins Gedächtnis. Zeichnen Sie dann auf der nachfolgenden Abbildung der Handinnenflächen und Außenflächen die Bereiche ein, bei der oft Mikroorganismen nach der Desinfektion verbleiben (Desinfektionslücken). Begründen Sie dieses Auftreten und zeigen Sie Lösungsmöglichkeiten auf.

Bei einer Händedesinfektion bleiben oft Desinfektionslücken (s. Zeichnung). Die Ursachen liegen in dem Ablauf der Desinfektion. Der Daumenbereich, Außenfläche, Nägel und Fingerzwischenräume sowie Fingerkuppen werden häufig nicht genügend desinfiziert. Gerade diese Bereiche müssten besonders beachtet werden.

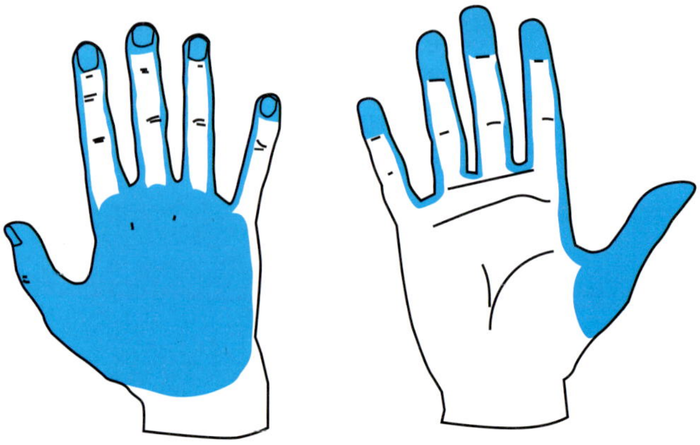

5 Kreuzen Sie an, bei welchen Situationen eine Händedesinfektion nötig ist.

- [x] Sie haben Frau Schmidtbauer beim Toilettengang geholfen. Jetzt möchte auch ihre Bettnachbarin Frau Meier ebenfalls zur Toilette und braucht Ihre Hilfe.
- [ ] Sie teilen im Essensraum das Essen an die Bewohner aus und fassen dabei in den Kartoffelbrei. (Nein, aber Händewaschen)
- [x] Ein Bewohner hustet sehr stark und Sie bekommen beim Helfen einen Teil Sputum auf Ihre Hände und Arme.
- [x] Sie assistieren bei der Katheterpflege.
- [x] Sie helfen bei der Mundpflege einer Bewohnerin mit.
- [ ] Sie sortieren die saubere Wäsche einer Bewohnerin in den Schrank ein.
- [x] Es muss bei Herrn Schmidt ein Dekubitus Grad 3 versorgt (Verbandswechsel) werden.
- [ ] Sie kochen für Ihre Kollegen eine Kanne Kaffee für die Pause.
- [x] Sie haben bei allen Bewohnern des Zimmers Nr. 4 Maßnahmen der Grundpflege durchgeführt. Jetzt ist das nächste Zimmer dran.

6 Die Pflegefachkraft Johanna L. unterstützt eine Bewohnerin, die aufgrund eines Infektes sehr stark erbrechen muss. Dabei gelangt Erbrochenes auf die Hände von Frau L. Erklären und begründen Sie in diesem Zusammenhang den folgenden Grundsatz: „Erst desinfizieren, dann reinigen“.

Zellstoff o. Ä. mit Desinfektionsmittel tränken und die betroffenen Stellen abwischen. Betroffene Haut mindestens zweimal mit geeignetem Desinfektionsmittel großzügig benetzen und einwirken lassen (Zeitangabe des Herstellers unbedingt beachten!!!). Erst dann Reinigung mit Wasser und Handwaschmittel.
Abtrocknen mit Einmalhandtüchern.
Bei Bedarf nochmalige Desinfektion.
Evtl. Hilfe durch Kollegen nutzen.
Es muss erst die Haut desinfiziert werden, da sonst bei dem umgedrehten Vorgang alle Keime aus den Ausscheidungen ungehemmt verteilt werden (z. B. Anfassen an den Wasserhahn, Seifenspender, Klinken usw.). Es kommt zu Schmierinfektionen und Keimverbreitung, was besonders bei ansteckenden Keimen wie Noro-Viren, MRSA-Keimen sehr problematisch ist.

# Arbeitsunfälle

1 Betrachten Sie die nachfolgende Grafik und beschreiben Sie diese. Stellen Sie ursächliche Überlegungen an. Info: Die BGW (Berufsgenossenschaft für Gesundheitsdienst und Wohlfahrtspflege) ist Ansprechpartner für ca. 7 Millionen Menschen in Gesundheits-, Pflege- und Beautyberufen.

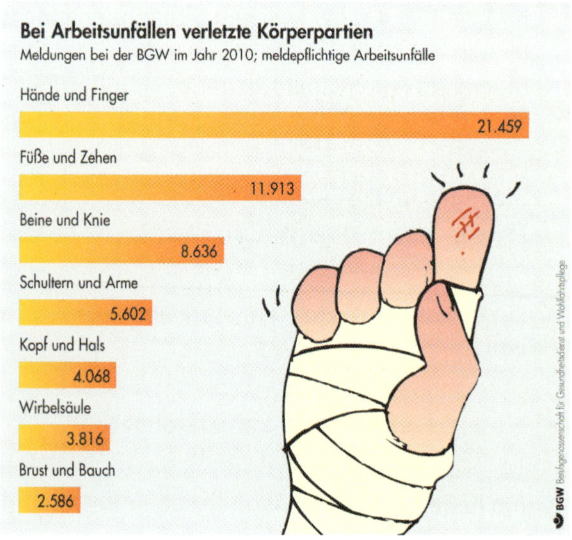


Sturzunfälle erfolgen am häufigsten (glatter, rutschiger Boden, Stolperfallen usw.). Die Menschen versuchen sich mit den Händen und Fingern abzufangen, daher die hohe Zahl an Finger- und Handverletzungen. Danach werden meist die Beine und Knie in Mitleidenschaft gezogen.

2 Überlegen Sie sich Maßnahmen, um die Zahl der Arbeitsunfälle durch Stürze in diesem Bereich zu senken.

Keine rutschigen Böden – Warnhinweise aufstellen, z. B. nach dem Wischen. Geeignetes Schuhwerk tragen (keine Absätze, rutschige Sohlen usw.). Das Bewegungstempo dem Untergrund anpassen. Für eine gute Beleuchtung sorgen. Sichere Tritte/Leitern benutzen. Keine gefährlichen Reinigungs- oder Reparaturarbeiten eigenständig und zeitnah durchführen.

3 Zum Arbeitsschutz gehört auch der Schutz der Wirbelsäule vor falscher oder zu starker Belastung. Überlegen Sie, wie Sie Ihre Wirbelsäule schützen können.

Mögliche Aspekte: Entlastung der Wirbelsäule durch Abbau von Übergewicht, Betreiben von Ausgleichssport zur Stärkung der Wirbelsäule, Teilnahme an Fortbildungen zum rückenschonenden Arbeiten usw.

4 Sie arbeiten auf der Pflegestation im Altenpflegeheim Herbstblick und betreten das Zimmer von Frau Hammer. Diese ist 82 Jahre alt, liegt vor ihrem Bett auf dem Boden und kommt alleine nicht mehr hoch. Sie ruft und schreit, dass Sie ihr bitte helfen und sie hochziehen sollen. Frau Hammer ist schwer übergewichtig (110 kg) und kaum fähig, eigenständig Bewegungen durchzuführen. Sie drängt Sie, ihr doch endlich zu helfen, Sie wären doch jung und stark! Wie verhalten Sie sich in dieser Situation?

Bei dem Versuch, Frau Hammer hoch auf ihr Bett zu befördern, besteht eine hohe Wahrscheinlichkeit, dies körperlich nicht zu schaffen und dass Frau H. evtl. noch einmal auf den Boden fällt. Auch besteht die Möglichkeit, dass der Helfer sich verhebt und an der Wirbelsäule verletzt. Besser wäre es, Frau Hammer zu beruhigen, nach Beschwerden zu fragen und Hilfe (Signallampe drücken) zu holen, um die Situation im Pflegeteam zu lösen.

# 5 Fortpflanzung und Entwicklung des Menschen

## Schwangerschaft, Entwicklung des Embryos/Fetus

**1** Ordnen Sie einigen Meilensteinen in der vorgeburtlichen Entwicklung die zeitliche Entsprechung zu. Ziehen Sie hierfür Verbindungslinien.

| | |
|---|---|
| Moment der Befruchtung | Vollständiger kleiner Mensch, alle Organe angelegt, bewegt sich aktiv. Ca. 6 cm groß, 20 g schwer. |
| 6. Tag nach Befruchtung | Reife Eizelle verschmilzt mit Samenzelle. |
| 3–4 Wochen alt | Augenlider geöffnet, Fetus kann sehen. |
| 9–10 Wochen alt | Ca. 25 cm groß, 350 g schwer. Kräftige Kindsbewegungen. |
| 22 Wochen alt | Ca. 50 cm groß, 3500 g schwer. In der Unterhaut wurden Fettpolster gebildet. |
| 26 Wochen alt | Das Herz schlägt und pumpt Blut durch die Gefäße. |
| 38 Wochen alt | Zygote nistet sich nach mehreren Teilungen als Keimblase in die Gebärmutterschleimhaut ein. |

**2** Ab welchem Zeitpunkt wäre der Fetus als Frühgeburt lebensfähig? Erklären Sie, weshalb ein frühgeborenes Kind noch medizinischer Maßnahmen zur Unterstützung bedarf.

Anfang des 7. Monats ist der Fetus als Frühgeburt lebensfähig. Unterstützung ist nötig, da z. B. Lungen, Atemsteuerung und Kreislaufsystem noch nicht ausgereift sind, auch Körpertemperatur und Schlucken sind noch nicht selbstständig regulierbar.

**3** Über die Plazenta steht das Kind mit dem mütterlichen Blutkreislauf in Verbindung. Nicht alles, was sich im Blut der Mutter befindet, geht zwangsläufig auf das Kind über – aber doch vieles.

a) Nennen Sie Beispiele, was aus dem mütterlichen Blut übertreten und ein Kind schädigen kann.

Alkohol, Nikotin, andere Drogen, Arzneimittel, Rötel- und Toxoplasmoseerreger

b) Welche wertvollen Bestandteile gelangen über die Plazenta von der Mutter zum Kind?

Z. B. Nährstoffe, Sauerstoff, mütterliche Abwehrstoffe gegen Erreger

**4** Eine befruchtete Eizelle enthält 23 mütterliche und 23 väterliche Chromosomen. Das Geschlecht wird durch die Geschlechtschromosomen bestimmt (X- bzw. Y-Chromosom). Ist Ihnen bekannt, welche Konstellation bei Töchtern vorliegt, welche bei Söhnen? Informieren Sie sich auch in Fachmedien.

Töchter haben die Chromosomen XX (sie erhalten eines der beiden X-Chromosomen von der Mutter und das eine X-Chromosom vom Vater).

Söhne haben die Chromosomen XY (sie erhalten eines der beiden X-Chromosomen von der Mutter und das eine Y-Chromosom vom Vater).

# Geburt

1 Eine natürliche Geburt verläuft in mehreren Phasen. Schreiben Sie wesentliche Vorgänge einer jeden Phase auf, wie sie bei regelrechtem Verlauf stattfinden.

Ende der Schwangerschaft: unregelmäßige Senkwehen in letzten Schwangerschaftswochen, Gebärmutter sinkt leicht ab, unregelmäßige Vorwehen in letzten Tagen vor Geburt

Eröffnungsphase (Dauer meist 10–16 Stunden bei Erstgebärenden, 4–6 Stunden bei Folgegeburten):

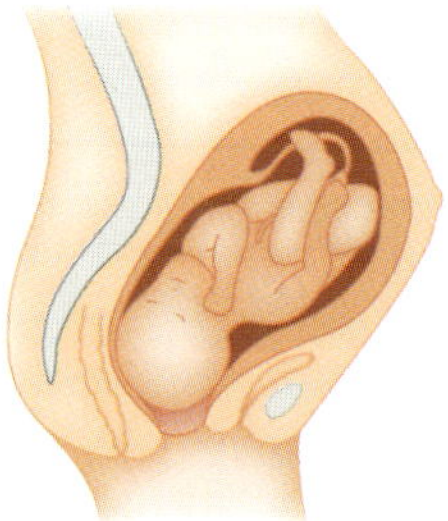

starke Wehen (immer rhythmischer, immer schneller hintereinander folgend), Kopf des Kindes wird in Gebärmutterhals geschoben, Gebärmuttermund lockert sich, wird weit (ca. 11 cm), Fruchtblase zerreißt, Fruchtwasser fließt ab

Austreibungs- und Pressphase (Dauer ca. ½–2 Stunden):

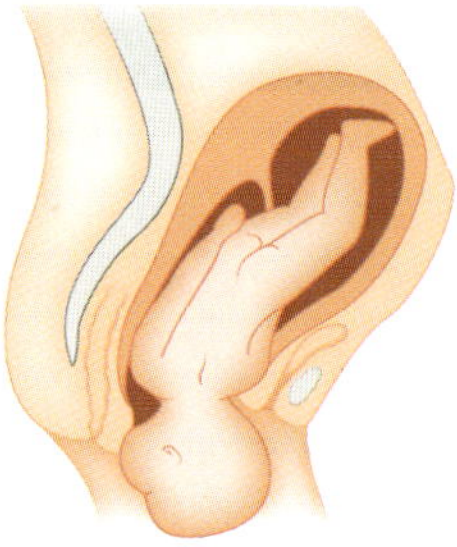

beginnt bei vollständiger Öffnung des Muttermundes, regelmäßige, kräftige Wehen in sehr kurzen Abständen, Kopf des Kindes drückt in Geburtskanal, Gebärende unterstützt Austreibung durch aktives Pressen, Kopf und Schulter des Kindes treten durch Scheide, übriger Körper folgt

Entbindung:

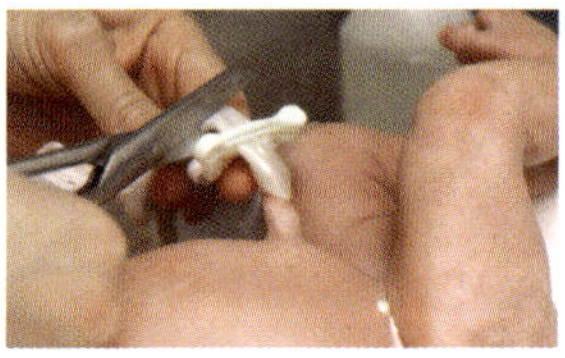

Abbinden der Nabelschnur, erster reflexartiger Atemzug füllt Lunge des Neugeborenen mit Luft

Nachgeburt (Dauer wenige Minuten bis eine Stunde):

Nachgeburtswehen lösen Plazenta von Gebärmutter, wird ausgestoßen, beendet die normale Geburt

Wochenbett: Nachwehen bewirken Zusammenziehen und Rückbildung der Gebärmutter.

2 Die Geburt des Kindes verlangt der Gebärenden viel ab. Medizinischerseits werden Hilfen angeboten, doch kann im günstigen Fall auf sie verzichtet werden. Nennen Sie verschiedene Techniken, die Schwangere (und Begleitpersonen) erlernen und während des Geburtsvorgangs anwenden können. Suchen Sie zu einer Technik ein konkretes Beispiel heraus, indem Sie Fachmedien zu Hilfe nehmen. (Vielleicht probieren Sie sie auch aus?)

Atemtechniken, z. B. mit einem tieftönigen „A“ oder „Ja“ ausatmen

Entspannungstechniken, z. B. „positiv denken“, Massage durch Begleitperson

Haltungstechniken, z. B. im Vierfüßlerstand oder mit Gebärhocker gebären

# Empfängnisverhütung

**1** a) Bei der natürlichen Methode zur Empfängnisregelung nach Knaus-Ogino benötigt man einen Kalender. Angenommen, Lisas Zyklus lag im vergangenen Jahr bei durchschnittlich 28 Tagen, war aber mal kürzer (nur 25 Tage) oder länger (bis 31 Tage). Ihre Regel dauert fünf Tage. Markieren Sie diese im Kalender (m). Markieren Sie dann den Zeitraum der möglichen fruchtbaren Tage (X), indem Sie für den Anfang vom kürzesten Zyklus 18 Tage und für das Ende vom längsten Zyklus 11 Tage abziehen.

| Datum | 13. März | 14. März | 15. März | 16. März | 17. März | 18. März | 19. März | 20. März | 21. März | 22. März | 23. März | 24. März | 25. März | 26. März | 27. März | 28. März | 29. März | 30. März | 31. März | 1. April | 2. April | 3. April | 4. April | 5. April | 6. April | 7. April | 8. April | 9. April |
|---|---|---|---|---|---|---|---|---|---|---|---|---|---|---|---|---|---|---|---|---|---|---|---|---|---|---|---|---|
| Zyklus-tag | 1 | 2 | 3 | 4 | 5 | 6 | 7 | 8 | 9 | 10 | 11 | 12 | 13 | 14 | 15 | 16 | 17 | 18 | 19 | 20 | 21 | 22 | 23 | 24 | 25 | 26 | 27 | 28 |
| | m | m | m | m | m | | X | X | X | X | X | X | X | X | X | X | X | X | X | X | | | | | | | | |

b) Für wie zuverlässig halten Sie diese Kalendermethode? Eignet sie sich zur sicheren Verhütung, wenn man sie mit der Messung der morgendlichen Aufwach-Körpertemperatur verbindet?

Im Zyklus kann es jederzeit größere Schwankungen geben, z. B. durch Stress, Krankheit, Reisen. Die Methode ist sehr unzuverlässig. Auch in Verbindung mit der Temperaturmethode ist sie keine sichere Verhütung, da die Körpertemperatur z. B. durch Nachtarbeit oder Infektionen verändert sein kann.

**2** Eine häufig genutzte Verhütungsmethode ist die „Pille". Aber da gibt es die Mikropille, die Minipille und nicht selten Verwirrung. Bringen Sie Ordnung in das Chaos, indem Sie die Tabelle ergänzen.

| Präparat und Wirkstoffe | Wirkung | Wichtige Hinweise zu Einnahme, Risiken, Wechselwirkungen |
|---|---|---|
| Die klassische „Pille" (niedrig dosiert auch **Mikropille** genannt) enthält:<br>Gestagen<br>Östrogen | ▪ **verhindert Eisprung**<br>▪ **verhindert Einnisten** (unvollständiger Aufbau der Gebärmutterschleimhaut)<br>▪ **verhindert Eindringen von Spermien** (Schleimpfropf an Gebärmutterhals) | Einnahme täglich (außer Pillenpause); Medikamente, Erbrechen, Durchfall können Wirkung aufheben; erhöht Risiko für Thrombose, Herzinfarkt, Schlaganfall (v. a. bei Raucherinnen > 30 J.) |
| Die **Minipille** enthält:<br>Gestagen | ▪ **verhindert Einnisten**<br>▪ **verhindert Eindringen von Spermien**<br>Achtung: Eisprung findet statt! | Einnahme täglich (auf Stunde genau!); Medikamente, Erbrechen, Durchfall können Wirkung aufheben |

**3** Tim nutzt beim Geschlechtsverkehr stets ein Kondom. Erläutern Sie die Funktionen von Kondomen.

Bei richtiger Lagerung und Handhabung verhindern Kondome die Freisetzung von Spermien und damit eine ungewollte Schwangerschaft. Sie schützen zudem vor der sexuellen Übertragung von Krankheitserregern (z. B. HIV).

# 6 Leben mit einer Behinderung

## Formen der Behinderung

1 Eine Behinderung kann sich unterschiedlich äußern. Welche Formen der Behinderung sind Ihnen bekannt? Listen Sie sie auf und nennen Sie je zwei Beispiele.

| Form der Behinderung | Beispiele |
|---|---|
| Körperliche Behinderung | Spastische Lähmung, Muskelschwund |
| Sinnesbehinderung | Blindheit, Schwerhörigkeit |
| Intelligenzbehinderung | Lernbehinderung, geistige Behinderung |
| Psychische Behinderung | Persönlichkeitsstörung, Psychose |

2 Nennen Sie mögliche Ursachen für eine Behinderung. Welche davon ist die häufigste?

Angeboren (z. B. Gendefekt); Schädigung in Schwangerschaft (z. B. Drogenkonsum der Mutter); Unfall; am häufigsten ist eine Behinderung durch Krankheit (z. B. Tumor)

3 In dem Buch „Mehr vom Leben – Frauen und Männer mit Behinderung erzählen“ findet sich auch folgender Text einer 33-jährigen Frau mit dem Titel „Den Blicken standhalten“. Er ist hier in gekürzter Form wiedergegeben.

Ich war 25 Jahre jung, als ich nach einer Gehirnoperation halbseitig gelähmt wurde. Es war ein Kampf. Mein Leben änderte sich schlagartig. Meine Angst war, ich bin abstoßend, da ich nun behindert bin. Jeder Blick von vorbeigehenden Menschen brannte förmlich. Ich fühlte mich minderwertig. Bis ich damit begann, zu experimentieren. Ich beobachtete die Menschen, wenn ich sie direkt mit mir und meiner Behinderung konfrontierte. Ich habe die Erfahrung gemacht, dass Menschen, die mit sich und der Welt im Einklang sind, keinerlei Vorurteile gegenüber behinderten Menschen haben. Sie können meinem Blick standhalten. Sie können mir direkt in die Augen sehen. Manche lächeln und signalisieren mir damit ihre Offenheit. Darüber freue ich mich sehr. Ich kann bereits am Bewegungsbild eines Menschen erkennen, ob er offen dafür ist, mit meiner Behinderung konfrontiert zu werden. Hört sich kompliziert an, ist aber ganz einfach. Gehe ich dem Menschen entgegen, so blicke ich ihm direkt in die Augen. Ich lächle ihn an. Er lächelt zurück. Da weiß ich, es ist ein wirklich starker Mensch, der mit meiner Behinderung kein Problem oder Berührungsängste hat. Anders dagegen sind »schwache« Menschen, die haben definitiv ein Problem damit. Sie sehen mich aus der Weite kommen. Es läuft beinahe immer das gleiche Schema ab: dringend etwas in der Handtasche suchen; auf die Uhr sehen; den Blick zu Boden richten; bewusstes Wegdrehen. Bin ich vorübergegangen, tritt das konträre Verhalten ein, es wird sich nach mir umgedreht, da es doch interessant ist, einen behinderten Menschen zu sehen. Menschen, die mir unsicher erscheinen oder die ich nicht einschätzen kann, lächle ich gleich an. So schlage ich eine Brücke. Viele lächeln zurück. Gerade mit diesen Menschen habe ich gute und sehr tiefe Gespräche.

(Quelle: „Mehr vom Leben – Frauen und Männer mit Behinderung erzählen“, Psychatrie Verlag GmbH & BALANCE buch + medien verlag, Köln)

a) Meinen Sie, dass die Frau ihre Behinderung akzeptiert hat und bereit ist, ihr Leben aktiv mitzugestalten?
b) Geben Sie in eigenen Worten wieder, was das Ergebnis ihres „Experimentes“ ist.
c) Wie ist der Text Ihrer Meinung nach vereinbar mit dem Satz „Behindert ist man nicht, behindert wird man“?
d) Sprechen Sie in der Klasse über Ihre eigenen Erfahrungen im Umgang mit behinderten Menschen.

Individuelle Beantwortung

Name: ______ Klasse: ______ Datum: ______

# 6



## Entwicklungsstörungen

1 a) Kreuzen Sie die richtigen Aussagen zu Entwicklungsstörungen, ihrer Erkennung und Förderung an.

| | |
|---|---|
| X | 1) Zunehmend mehr Kinder weisen heute Entwicklungsverzögerungen auf. |
| | 2) Mit der Behandlung eines Kindes, das eine Entwicklungsstörung hat, kann man sich Zeit lassen, da sich die Störung oft von selbst korrigiert. |
| X | 3) Jedes Kind in Deutschland hat Anspruch auf die Vorsorgeuntersuchungen U1–U9. |
| | 4) Stolpert ein Kind häufiger oder stößt es sich öfter an Möbelstücken, ist es offensichtlich besonders ungeschickt und tollpatschig. |
| | 5) In den Untersuchungen U1–U9 wird allein die körperliche Entwicklung überprüft. |
| X | 6) Die Aufmerksamkeitsdefizit-Hyperaktivitätsstörung (ADHS) ist die häufigste Störung bei Kindern und Jugendlichen. |
| X | 7) Wenn ein halbjähriges Kind seinen Kopf zu einer Geräuschquelle hinwendet und bei plötzlichen Geräuschen erschrickt, ist sein Gehör vermutlich in Ordnung. |
| | 8) ADHS drückt sich bei Kindern durch tiefe Ruhe, ausgeglichene Stimmung und die Fähigkeit zur Konzentration über einen langen Zeitraum aus. |
| X | 9) Zum Zeitpunkt der U7 (21.–24. Monat) sollte ein Kind eine Schnur durch ein Loch stecken, ein paar Schritte rückwärts laufen und ohne Festhalten in die Hocke gehen können. |
| | 10) Die Behandlung eines Kindes mit Entwicklungsstörungen hat zum Ziel, einem Fortschreiten Einhalt zu gebieten und die zwangsläufige Behinderung hinauszuzögern. |

b) Streichen Sie die falschen Aussagen durch und schreiben Sie sie korrekt hier auf.

zu 2) Eine Entwicklungsstörung sollte so früh wie möglich erkannt und behandelt werden, da sie sich sonst zu einer Behinderung entwickeln kann.

zu 4) Ein Kind, das häufig stolpert oder sich stößt, könnte einen Sehfehler haben.

zu 5) In U1–U9 wird die körperliche, geistige und seelische Entwicklung einschließlich Sinnesentwicklung, Sprache und Motorik überprüft.

zu 8) Das ADHS zeigt sich durch Konzentrationsstörung, innere Unruhe, häufiges Zappeln, Stimmungsschwankungen und Antriebslosigkeit.

zu 10) Durch eine persönlich auf die Situation abgestimmte Behandlung können die Fähigkeiten des Kindes gefördert und Störungen oftmals abgebaut werden.

# Förderung von Kindern mit Down-Syndrom

1 Kinder mit Down-Syndrom entwickeln sich geistig und körperlich verlangsamt im Vergleich zu gesunden Kindern.

a) Ordnen Sie den Einschränkungen die passenden Maßnahmen zu ihrer Förderung zu.

| | |
|---|---|
| Einschränkung der Motorik allgemein | Mundmotorische Übungen, Gaumenplatte, Spielen mit Sprechspielen, deutlich und laut mit dem Kind sprechen |
| Einschränkung speziell der Feinmotorik | Puzzeln, Malen mit Straßenkreide, Spielen mit Bausteinen, Umschütten von Flüssigkeiten, Tasten im Fühlkarton |
| Sprachstörungen (v. a. Sprechen) | Lerninhalte auch über Hören und Sehen vermitteln, sollten für das Kind interessant sein und anschaulich, Zeit lassen |
| Erhöhtes Risiko von Gehörschäden | Baby-Massage, Krankengymnastik, Schaukeln, viele Bewegungsangebote |
| Einschränkung kognitiver Fähigkeiten | Regelmäßige Kontrolle bei HNO-Arzt |

b) Nennen Sie Fähigkeiten, die bei Kindern mit Down-Syndrom besser entwickelt sind und berücksichtigt werden sollten:

Besseres Sprachverständnis als Sprechvermögen, schnelles visuelles Erfassen von Informationen, meist gutes Gedächtnis

2 Menschen mit geistiger Behinderung denken und fühlen …

Monika, 6 Jahre alt, ist geistig behindert. Sie ist genauso groß wie gleichaltrige Kinder, aber sie spricht und denkt wie ein zweijähriges Kind. Oft wirkt sie abwesend und in sich gekehrt. Zweimal in der Woche geht Monika zu einer Musiktherapeutin. Am Anfang sitzt sie teilnahmslos da. Ihre Lehrerin beginnt auf einem Musikinstrument zu spielen. Monika lauscht entzückt, sie lächelt. Ihre Lehrerin gibt Monika Schellen in die Hand. Monika schüttelt die Schellen. Mit undeutlichen Worten singt sie ein Lied. Sie lacht. Später spielt die Lehrerin mit ihr ein Spiel: „Geh zum Stuhl!" Monika geht zum Stuhl. „Nimm den Stift." Sie holt den Stift. „Male den Kreis bunt." Monika schafft es. Als ihre Mutter sie abholt, ist Monika glücklich und zufrieden mit sich.

Überlegen Sie, wie die Entwicklung von Kindern mit geistiger Behinderung in Bezug auf Sozialverhalten, Kontakt mit anderen Kindern und Selbstständigkeit gefördert werden kann.

Frühförderung, integrative Kindertageseinrichtungen, spezielle Lernhilfeschulen, Förderschulen, gemeinsame Schule für Kinder mit und ohne Behinderung („inklusiver Unterricht")

3 Menschen mit Down-Syndrom haben eine geringere Lebenserwartung im Vergleich zur Gesamtbevölkerung. Welche körperlichen Störungen tragen dazu unter anderem bei?

Z. B. Herzfehler, Störungen der Darmfunktion, erhöhtes Infektionsrisiko

# 7 Atmung

## Aufbau und Funktion der Atmungsorgane

1 Überlegen Sie sich zusammen mit Ihrem Nachbarn eine Definition für den Begriff Atmung.

Als Atmung bezeichnet man einen Vorgang, bei dem über ein Höhlen- oder Röhrensystem Sauerstoff aufgenommen und Kohlendioxid wieder abgegeben wird. Dieses ist für die Aufrechterhaltung der Lebensvorgänge (bei allen Aerobiern) absolut notwendig.

2 Ordnen Sie die nachfolgenden Begriffe den beiden genannten Oberbegriffen zu.

> Luftröhre (Trachea), Rachen (Pharynx), Lunge (Pulmo), Mund, Nasenhöhle, Kehlkopf (Larynx), Nase, Bronchien

Obere Luftwege: Mund, Nase, Nasenhöhle und Rachen (Pharynx)

Untere Luftwege: Kehlkopf (Larynx), Luftröhre (Trachea), Bronchien und Lunge

3 Überlegen Sie, in welchen der oben genannten Teile der Atmungsorgane die eigentliche Atmung stattfindet. Welche Funktion haben die zuführenden Atemwege?

Die zuführenden Atemwege (Rache bis Bronchien) haben die Aufgabe, die Atemluft tief in die Lunge zu leiten. Die eigentliche Atmung findet nur in der Lunge statt. Weitere Aufgaben der zuführenden Atemwege sind: Reinigung, Befeuchtung und Erwärmung der Atemluft.

4 Beschriften Sie die nachfolgenden Abbildungen der Atemwege und der Lunge, verwenden Sie dazu auch die unter Aufgabe 2 genannten Begriffe.

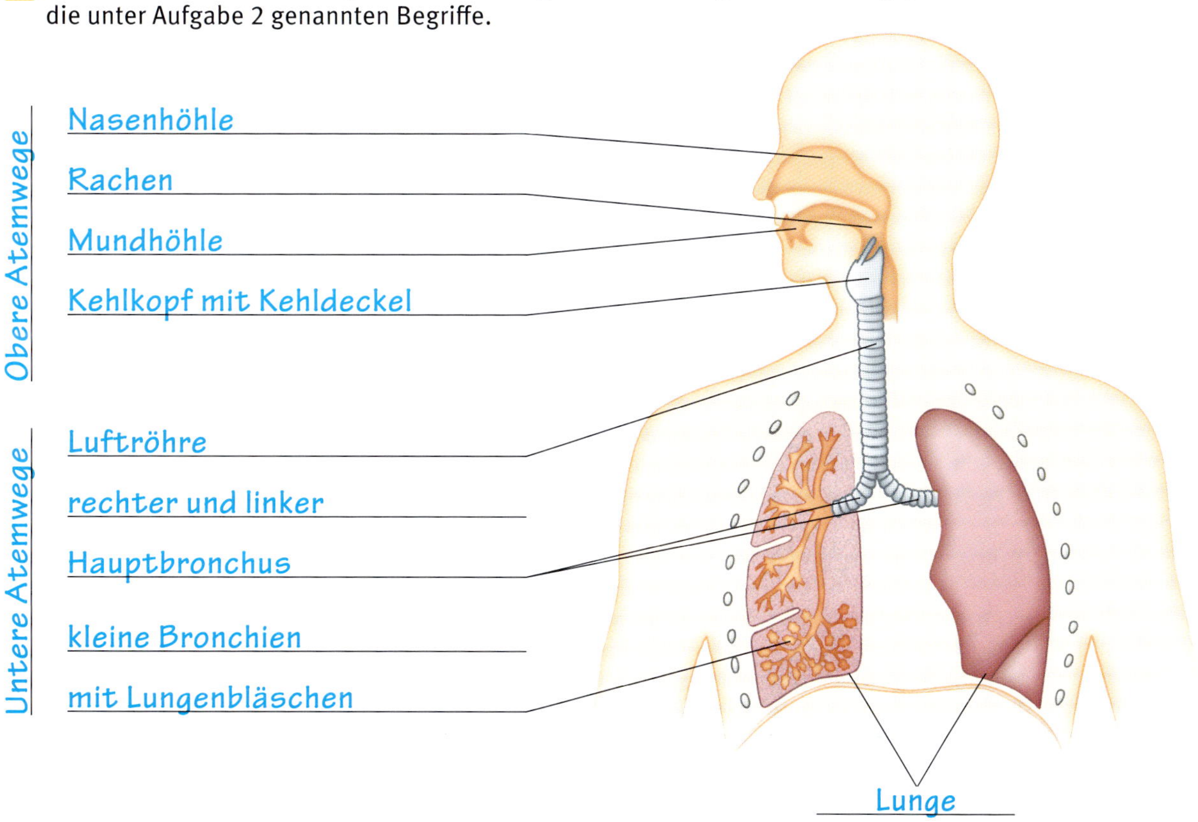

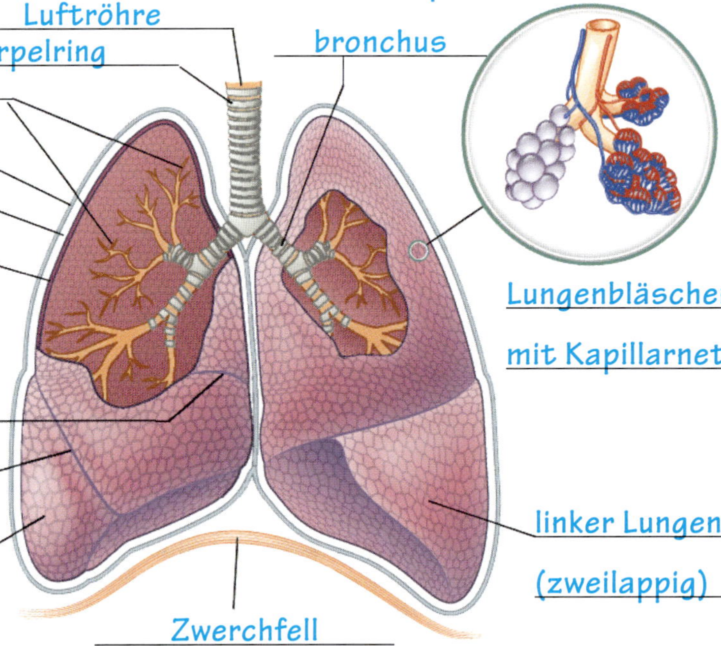


5 Erklären Sie, warum man jemand mit einem Atemstillstand mit der Ausatmungsluft (Atemspende) am Leben erhalten kann.

Der Gehalt an Sauerstoff in der Ausatmungsluft beträgt immer noch ca. 17 %.
Diese Menge reicht aus, um das Überleben zu sichern.

6 Ergänzen Sie den Text über den Atmungsvorgang mit den nachfolgenden Wörtern.

Kohlendioxid, Zwerchfell, Zwischenrippenmuskeln, Luft, Unterdruck, Sauerstoff, Inspiration, Lungen, passiv, aktiver, Atemzentrum, Brustkorb, Blut, Expsiration, hebt

Der Einatmungsvorgang des Menschen wird auch als Inspiration bezeichnet und ist ein aktiver Vorgang. Das Zwerchfell zieht sich bei der Einatmung zusammen (kontrahiert). Dadurch senkt sich die Zwerchfellkuppel ab. Unterstützend zieht sich auch die äußere Zwischenrippenmuskulatur zusammen. Dadurch vergrößert sich der Brustkorb. Es entsteht ein Unterdruck. Die Lungen dehnen sich und füllen sich einem Blasenbalg ähnlich mit Luft. Bei der Ausatmung (Exspiration) entspannt sich das Zwerchfell und die Zwerchfellkuppel hebt sich. Ebenfalls kontrahieren die inneren Zwischenrippenmuskeln. Der Brustkorb senkt sich dadurch ab und lässt die Atmungsluft wieder nach außen entweichen. Der Vorgang der Ausatmung verläuft passiv.
Die Atmung wird vom Atemzentrum (verlängertes Mark) gesteuert. Hier wird der Sauerstoff- und Kohlendioxidgehalt im Blut registriert und auf Veränderung reagiert.

## Bronchitis

1 Versuchen Sie, das folgende Kreuzworträtsel zum Thema Bronchitis zu lösen und das Lösungswort zu ermitteln. Viel Erfolg!

**Waagerecht**

1. Im Frühjahr und Herbst tritt diese Erkrankung vermehrt auf.
2. Als eine Bronchitis bezeichnet man eine Entzündung des Gewebes der Bronchien.
3. Viele Erkrankte haben Fieber.
4. Ausgeheilt ist eine akute Bronchitis nach etwa acht bis zehn Tagen.
5. Unterschieden wird zwischen einer akuten und einer chronischen Bronchitis.
6. Unbehandelt führt eine chronische Bronchitis zu einer Überblähung der Lungenbläschen, dem sogenannten Lungenemphysem.
7. Eine akute Bronchitiserkrankung wird meistens durch Viren verursacht.
8. Menschen mit chronischer Bronchitis sind besonders gefährdet, eine Pneumonie zu entwickeln.

**Senkrecht**

a. Bei einer akuten Bronchitis sollte man viel trinken und zu schleimlösenden Maßnahmen greifen.
b. Bei der chronisch obstruktiven Bronchitis verengen sich Teile der Atemwege dauerhaft, was zur Atemnot führen kann.
c. Häufige Zeichen dieser Erkrankung sind Hustenanfälle durch den schwer abhustbaren Schleim.
d. Zigarettenrauch und Luftverschmutzungen begünstigen die Entstehung einer akuten Bronchitis.
e. Um ein Fortschreiten einer chronischen Bronchitis zu verhindern, sollte die Lebensweise verändert werden. Eine der wichtigsten Maßnahmen ist der Rauchverzicht.
f. Eine andere Form der chronischen Bronchitis ist die chronisch obstruktive Bronchitis, abgekürzt COPD.
g. Wird bei einer Bronchitis täglich Auswurf (Sputum) und das über mehr als drei Monate (innerhalb von zwei Jahren) produziert, so spricht man von einer chronischen Bronchitis.

**Lösungswort:** L U N G E N F L U E G E L

# Pflege bei Pneumonie (Lungenentzündung)

1 Markieren Sie die im Text benannten Symptome einer Pneumonie farbig und führen Sie diese unten gesondert auf. Finden Sie dann eine Erklärung für den Begriff Pneumonie.

> Sie arbeiten in Ihrem Praktikum in dem Altenpflegeheim Abendsonne in einer Wohngruppe. In der Übergabebesprechung hören Sie, dass Herr Schmidt an einer Pneumonie erkrankt ist. Der Hausarzt ist aufgrund des schmerzhaften Hustens und des hohen Fiebers gekommen und hat eine beginnende Pneumonie diagnostiziert. Herr Schmidt fühlt sich sehr schlecht. Sein Husten geht mit gelbgrünem Auswurf einher. Bei der Überprüfung der Vitalzeichen stellt Ihre Mentorin einen zu hohen Puls fest und spricht von einer Tachykardie. Auch riecht Herr Schmidt süßlich aus dem Mund, seine Lippen sind leicht blau. Bei der Atmung beobachten Sie, dass er nur flach atmet. Sein Bett ist nassgeschwitzt. In der Bewohnerakte erfahren Sie Weiteres über diesen Bewohner: Herr Herbert Schmidt, geb. 08.11.1929, leidenschaftlicher Raucher, Größe 1,75, Gewicht 92 kg, Chronische Bronchitis und schwer gehbehindert.

Symptome einer Pneumonie:

Hohes Fieber, schweres Krankheitsgefühl, Schwitzen, starker Husten mit Auswurf (Sputum), hoher Puls, flache Atmung, Schmerzen im Brustkorb, zyanotische Lippen, süßlicher Atemgeruch

Pneumonie: Als Pneumonie bezeichnet man die Entzündung des Lungengewebes.

2 Überlegen Sie, welche medizinischen und pflegerischen Maßnahmen jetzt nötig sind. Erarbeiten Sie sich diese mit Pflegefachbüchern und Quellen aus dem Internet.

Gabe von Schmerzmitteln, hustenlösenden (tagsüber) oder hustenstillenden (nachts) Medikamenten sowie Antibiotika (Arztverordnung!)

Bettruhe einhalten lassen und regelmäßige Vitalzeichenkontrolle

Atemerleichternde Lagerungen anbieten, z. B. Oberkörperhoch-, VATI-Lagerungen

Beim Abhusten unterstützen und Maßnahmen zur Sekretlösung ergreifen

Atemübungen, evtl. Sauerstoffgabe

Alle Prophylaxen durchführen (Dekubitus-, Kontrakturprophylaxe usw.)

Geeignete Ernährung anbieten, Flüssigkeitszufuhr kontrollieren. Später Mobilisierung, Kontrolle des Sputums und der Ausscheidungen

3 Suchen Sie im obigen Fallbeispiel nach Risikofaktoren, die die Entstehung der Pneumonie bei Herrn Schmidt begünstigt haben können. Überlegen Sie sich Maßnahmen, um ein erneutes Auftreten einer Pneumonie zu verhindern.

Bestehende Risikofaktoren: Raucher, Übergewicht, chronische Bronchitis und Bewegungsmangel

Prophylaktische Maßnahmen: chronische Bronchitis behandeln, Bewegungsangebote machen, Übergewicht abbauen, Rauchen einschränken oder aufhören, Ernährungsverhalten überprüfen

Name: ____________________ Klasse: ________ Datum: ____________



# 8 Herz-Kreislauf-System

## Bau und Funktion des Herzens

**1** Ordnen Sie die folgenden Begriffe der Schemazeichnung des Herzens in der Abbildung 1 zu:

| | | | |
|---|---|---|---|
| 1 rechter Vorhof | 2 rechte Kammer | 3 linker Vorhof | 4 linke Kammer |
| 5 Herzscheidewand | 6 Lungenarterien | 7 Lungenvenen | 8 Aorta |
| 9 Segelklappen | 10 Taschenklappen | 11 untere Hohlvene | 12 obere Hohlvene |

**2** Zwischen den Vorhöfen und den Kammern liegen die Segelklappen. Erklären Sie ihre Funktion in den verschiedenen Phasen der Herztätigkeit, vgl. Abbildung 2 und 3.

In der Diastole öffnen sich die Segelklappen. In der Systole schließen sich die Segelklappen. Ein Zurückfließen des Blutes aus den Herzkammern in die Vorhöfe wird verhindert.

**3** Zwischen den Kammern und den großen Arterien befinden sich die Taschenklappen. Erklären Sie ihre Wirkungsweise anhand der Abbildungen 1, 2 und 3.

In der Systole wird das Blut aus den Herzkammern in die Arterien ausgetrieben. Die Taschenklappen öffnen sich. Fließt das Blut nach der Austreibungsphase in den Arterien zurück, werden die Taschenklappen durch den Blutdruck geschlossen.

**4** Mit jedem Herzschlag wird Blut aus den Kammern in den Körper- und Lungenkreislauf gepumpt. Beschreiben Sie die drei Phasen der Herztätigkeit in den Abbildungen 1, 2 und 3.

1. Füllung der Vorkammer

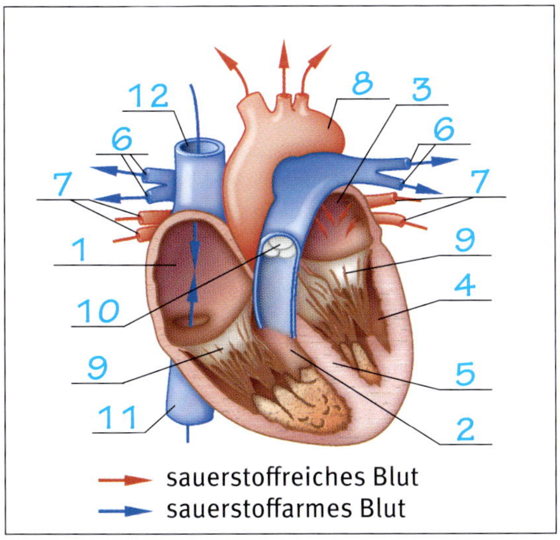


2. Füllung der Kammern

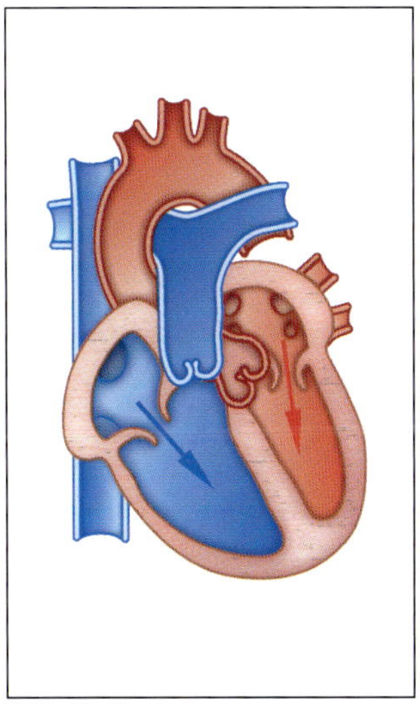

3. Anspannung/ Austreibung aus den Kammern

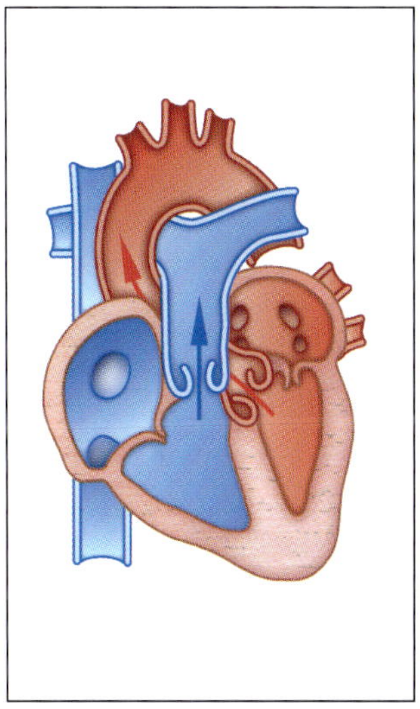

| | 1. | 2. | 3. |
|---|---|---|---|
| **Vorhöfe** | füllen sich | entleeren sich | blutleer |
| **Segelklappen** | geschlossen | geöffnet | geschlossen |
| **Herzkammern** | blutleer | füllen sich mit Blut | entleeren sich |
| **Taschenklappen** | geschlossen | geschlossen | geöffnet |

Verlag Dr. Felix Büchner – Handwerk und Technik GmbH, Lademannbogen 135, 22339 Hamburg; Postfach 63 05 00, 22331 Hamburg www.handwerk-technik.de

# Blutkreislauf

1 Beschreiben Sie die nachfolgende Auflistung über die Blutgefäße des Menschen. Erklären Sie die großen Zahlen hinsichtlich Vorkommen und Länge.

| Blutgefäß | Anzahl | Länge eines Blutgefäßes (mm) | Durchmesser eines Blutgefäßes (mm) | Gesamtlänge (m) | Gesamtvolumen ($cm^3$) | Gesamtoberfläche ($cm^2$) |
|---|---|---|---|---|---|---|
| Aorta | 1 | 400 | 25,000–35,000 | 0,4 | 30,000 | 126,00 |
| Arterienäste | 600 | 100 | 1,000 | 60,0 | 50,000 | 1 884,00 |
| Arteriolen | 40 000 000 | 2 | 0,020 | 80 000,0 | 25,000 | 50 240,00 |
| Kapillaren | 1 200 000 000 | 1 | 0,008 | 1 200 000,0 | 60,318 | 301 592,89 |
| Venolen | 80 000 000 | 2 | 0,030 | 160 000,0 | 110,000 | 150 720,00 |
| Venenäste | 600 | 100 | 2,400 | 60,0 | 270,000 | 4 522,00 |
| Hohlvene | 2 | obere: 60<br>untere: 240 | 20,000 | 0,3 | 50,000 | 157,00 |

(http://www.uni-duesseldorf.de/MathNat/Biologie/Didaktik/Atmung/start/struktur/ov/bsp/tierrei/ebene2a/blut2.html, Jan Wagner)

Die hohen Zahlen z. B. bei den Arteriolen und Kapillaren entstehen dadurch, dass jede Zelle im Körper mit Sauerstoff und Nährstoffen versorgt und der Abtransport von Stoffwechselendprodukten sichergestellt werden muss. Daraus ergibt sich auch die hohe Zahl der Gesamtlänge, z. B. 1 200 km Gesamtlänge der Kapillaren.

2 Lesen Sie den nachfolgenden Text über den Blutkreislauf des Menschen und unterstreichen Sie wichtige Stationen und Begriffe. Ordnen Sie dann die entsprechenden Begriffe der nachfolgenden Zeichnung zu.

Der Blutkreislauf ist ein geschlossenes Röhrensystem, das aus einem arteriellen und einem venösen Teil besteht. Dabei wirkt das Herz als Pumpe, die das Blut durch die Blutgefäße befördert. Alle Gefäße, die vom Herzen wegführen, werden Arterien, alle Gefäße, die zum Herzen hinführen, werden Venen genannt. Bis auf einige Ausnahmen führen Arterien sauerstoffreiches und Venen sauerstoffarmes Blut.
Durch die Aorta (Körperschlagader) wird das Blut in den Körperkreislauf – großer Kreislauf – gepumpt und in die großen Arterien weitergeleitet. Diese verzweigen sich immer weiter (Arterienäste, Arterienzweige) und bilden letztlich die Arteriolen. Jede Zelle im Körper kann so erreicht und mit Sauerstoff und Nährstoffen versorgt werden. Kapillare stellen die kleinsten Blutgefäße dar und verbinden Arterien und Venen miteinander. Hier erfolgt der Stoff- und Gasaustausch zwischen dem Blut und Gewebe. Nun fließt das Blut durch die kleinsten venösen Gefäße (Venolen) über die Venen und großen Körpervenen (obere und untere Hohlvene) zum Herzen zurück. Der Rücktransport des Blutes zum Herzen wird durch die Muskel-Venen-Pumpe und die Arterien-Venen-Pumpe erleichtert. Vom Herzen wird das Blut dann durch die Lungenarterie in den Lungenkreislauf – kleiner Kreislauf – gepumpt und in der Lunge mit Sauerstoff angereichert. Es gelangt dann durch die Lungenvene zurück zum Herz.

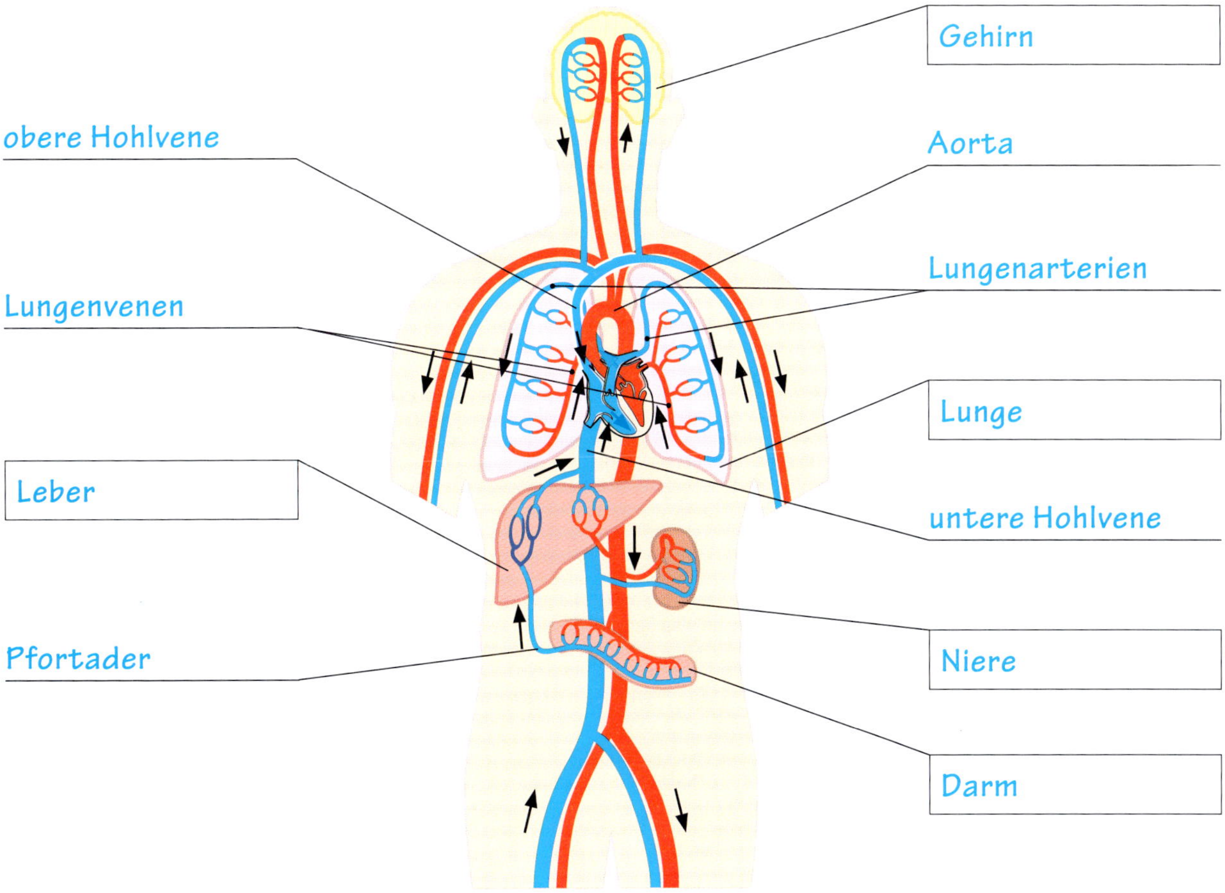


**3** In dem Text in der Aufgabe 2 war von der Muskel-Venen- und Arterien-Venenpumpe die Rede. Erläutern Sie, was man darunter versteht. Begründen Sie, warum es passieren kann, dass Menschen ohnmächtig werden, wenn sie lange unbeweglich stehen, z. B. bei einem Gelöbnis, Wache der Queen.

Muskel-Venen-Pumpe: Das Blut wird durch die Kontraktur der Muskulatur beim Gehen in den Venen schubweise mithilfe der Venen-Klappe in Richtung Herz geschoben. Bei einem Gelöbnis o.Ä. ist die Muskel-Venen-Pumpe außer Kraft gesetzt. Das Blut versackt in den Beinen und es kommt zu einer Ohnmacht.

Arterien-Venen-Pumpe: Da Venen nahe an den Arterien vorbeilaufen, wird das Blut in den Venen durch die Ausdehnung des Blutes in den Arterien (Windkesselfunktion) in Richtung Herz gepumpt (Venenklappen verhindern den Rückfluss).

# Blutbestandteile und Blutgerinnung

1 Das Blut besteht aus dem flüssigen Blutplasma und aus festen Bestandteilen, den Blutzellen. Finden Sie die Fachbegriffe für die verschiedenen Blutzellen in der Abbildung.

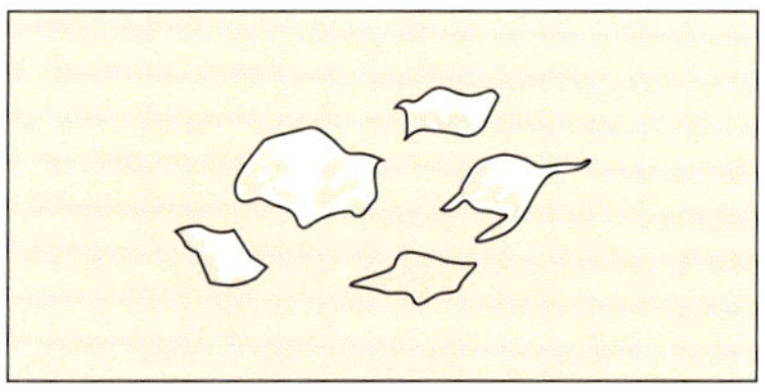

Blutplättchen (Thrombozyten)

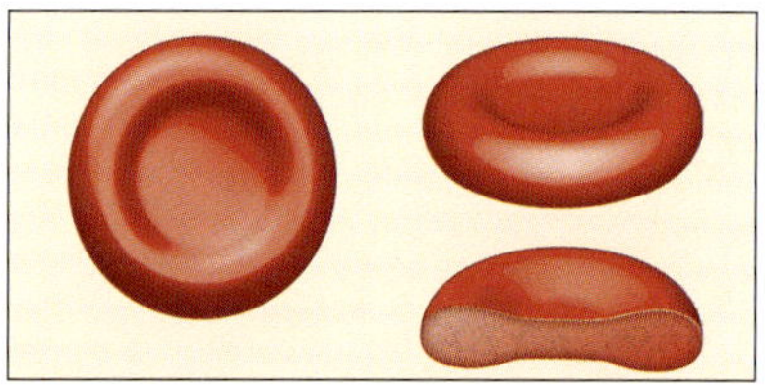

rote Blutkörperchen (Erythrozyten)

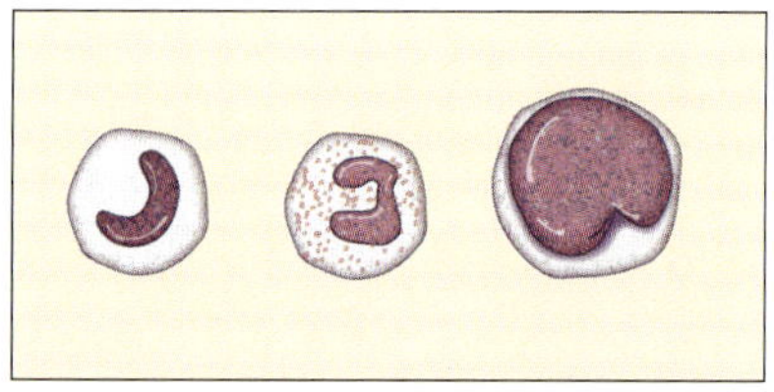

weiße Blutkörperchen (Leukozyten)

2 Ermitteln Sie mithilfe von Fachbüchern, Gesundheitslexika etc. Bildungsort, Anzahl, Lebensdauer und Aufgaben der verschiedenen Blutzellen. Erstellen Sie ein Informationsblatt.

3 Füllen Sie den folgenden Lückentext zur Blutgerinnung aus.

Schneidet man sich in den Finger, so **blutet** es. Die verletzten Blutgefäße stellen sich sofort **enger**, der Blutfluss wird **gehemmt**. Die Blutplättchen bilden an der verletzten Stelle einen **Blutpfropf**, der zur Blut**stillung** führt. Bei der nachfolgenden Blut**gerinnung** wird der Blutplättchenpfropf durch **Fibrinfasern** vernetzt. Nach wenigen Stunden hat sich ein fester **Wundverschluss** gebildet.

Der gesamte Vorgang der Blutgerinnung gliedert sich in drei Phasen:

1. Gefäßverengung 2. Blutstillung 3. Blutgerinnung

4 Beschreiben Sie anhand der Abbildung den Vorgang der Blutgerinnung.

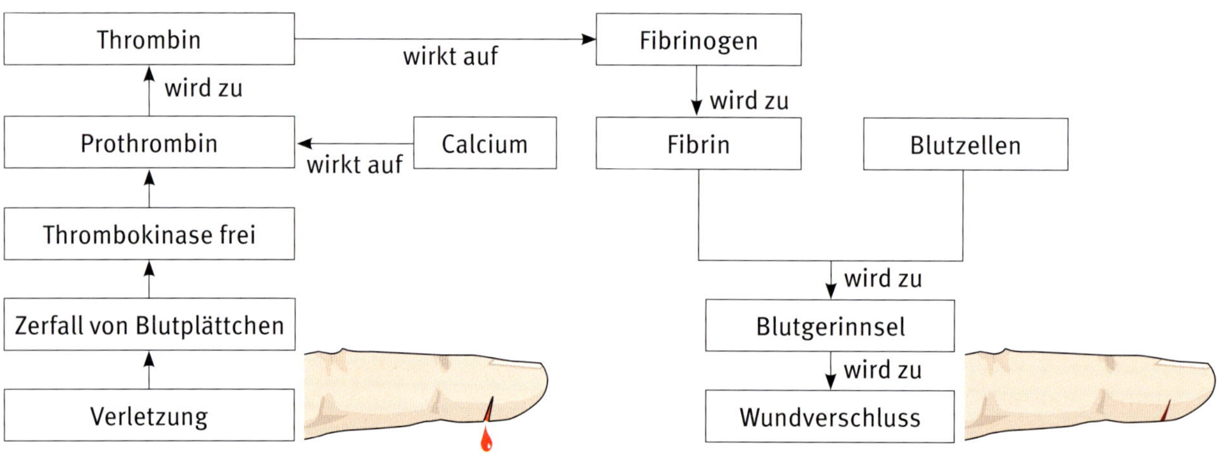


5 Frau S. ist nach einer Bauchoperation für einige Tage bettlägerig. Die Schwester verabreicht ihr jeden Tag eine Heparinspritze. Erläutern Sie die Funktion des Heparins.

Heparin verhindert die Blutgerinnung. Bei der bettlägerigen Frau S. wird einer Thrombose vorgebeugt.

# Arteriosklerose

**1** Die Entstehung der Arteriosklerose ist eng an die Lebensweise des Menschen geknüpft. Tragen Sie in der Abbildung wichtige Risikofaktoren für die Arteriosklerose ein.

erbliche Belastung | falsche Ernährung

Bluthochdruck | Rauchen

hoher Cholesterinspiegel | Bewegungsmangel

Diabetes mellitus | Stress

Übergewicht

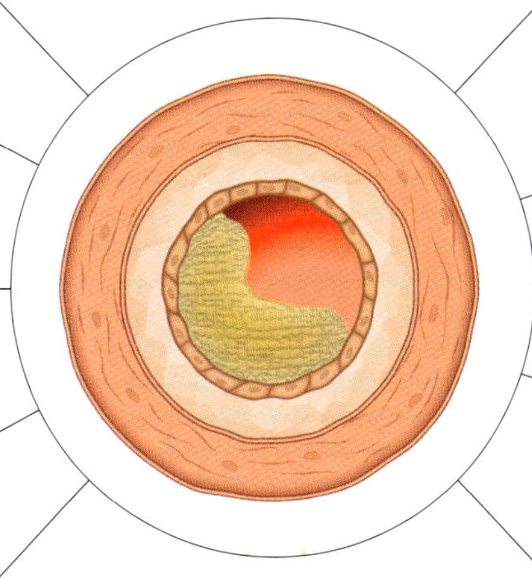

Gefäßverkalkung

**2** Welche Folgen haben die Ablagerungen in den Arterien für die Durchblutung?

Blutgerinnselbildung, Verkalkung, Einengung der Gefäßlichtung, Gefäßverschluss

**3** Suchen Sie aus dem „Wortwurm" die richtigen Tipps für Patienten mit Arteriosklerose heraus:

Selbstkontrollengewichtsreduktionmedikamenteregelmäßigebewegungstresseffektrauchverzichtblut-hochdruckbehandlungaugenarztfettarmeernährungschlafenalkoholeinschränkenmäßigekontrolledes-blutfettspiegelstisch

- Gewichtsreduktion
- regelmäßige Bewegung
- Rauchverzicht
- Bluthochdruckbehandlung
- fettarme Ernährung
- Alkohol einschränken
- Kontrolle des Blutfettspiegels

**4** Der Cholesterinspiegel im Blut ist u. a. von dem Cholesteringehalt der Nahrung abhängig. Ermitteln Sie in der Nährwerttabelle oder in Ihrem Buch

- Nahrungsmittel mit einem hohen Cholesteringehalt:

Leber, Niere, Krabben, Butter, Eidotter, Eierteigwaren, Mayonnaise, fette Wurst- und Fleischwaren

- Nahrungsmittel, die kein Cholesterin enthalten:

alle pflanzlichen Lebensmittel

# Thromboseprophylaxe

1 Definieren Sie, was man unter einer Thrombose versteht.

Eine Thrombose ist eine Gefäßerkrankung, bei der sich ein Blutgerinnsel (Thrombus) in einem Gefäß bildet. Am häufigsten sind die Becken- und Beinvenen betroffen.

2 Kreuzen Sie an, welche der nachfolgenden Faktoren eine Thrombose verursachen können:

- [x] Bettruhe und Bewegungsmangel
- [x] Gefäßwandschäden
- [ ] fehlende Klappen in den Arterien
- [x] erhöhte Gerinnbarkeit des Blutes
- [x] Verlangsamung des venösen Blutstroms
- [x] lange Flugreisen
- [ ] gesunde Ernährung
- [x] nach Operationen
- [ ] zu viel Sport
- [x] stehende Berufe
- [x] Krampfadern
- [x] Ruhigstellung der Gliedmaßen, z. B. Gipsverband

3 Beschreiben Sie mögliche Symptome einer Thrombose im Bein.

Schwellung des Beins, Spannungsgefühle, Schmerzen, Hautverfärbungen (zyanotisch, blass), Rötungen, Überwärmung des Gewebes.

4 Maßnahmen der Thromboseprophylaxe: Frau Weber lebt im Heim, ist 65 Jahre alt und hatte schon mal eine Beinvenenthrombose. Sie ist Raucherin und schwer übergewichtig. Welche Maßnahmen sind zur Verhinderung einer erneuten Thrombose sinnvoll?

Mobilisieren, zur Bewegung anhalten, Spaziergänge o. Ä. anbieten
Bewegungsübungen
Hochlagerung der Beine
Ausstreichen der Beine (nicht bei bestehender Herzinsuffizienz!)
Medikamente (Heparinspritzen, Cumarin nach Arztverordnung)
Genügend trinken
Obstipationsprophylaxe
Tragen von Kompressionsstrümpfen/Kompressionsverband anlegen
Abbau von Übergewicht bei Frau Weber
Rauchen vermindern

5 Begründen Sie die Gefährlichkeit einer Thrombose.

Der Thrombus kann sich lösen und über das Blutgefäßsystem in die Lunge wandern und dort eine Lungenembolie auslösen. Lebensgefahr!

# Herzinfarkt

1 Lesen Sie das Fallbeispiel zum Herzinfarkt und unterstreichen Sie wichtige Informationen.

Hermann Mathes, 49 Jahre alt, leidenschaftlicher Raucher, stark übergewichtig, fühlte sich trotz eines hohen Cholesterinspiegels und Bluthochdrucks kerngesund. Er arbeitete gern. Ein 14-Stunden-Tag war normal, auch am Wochenende nahm er sich Arbeit mit nach Hause. Entspannung fand er beim Fernsehen, bei einem deftigen Essen und einem Glas Wein. Die Ermahnungen des Hausarztes belächelte er nur. Morgens bei der Arbeit spürte er plötzlich stechende Schmerzen in der Brust, die in den linken Arm hineinstrahlten.

Er verspürte Atemnot. Auf seiner Stirn bildete sich kalter Schweiß. Kollegen ließen ihn sofort in die Klinik bringen, wo ein Herzinfarkt diagnostiziert wurde. Ein Herzkranzgefäß war vollständig verschlossen, der zu versorgende Herzmuskelbezirk abgestorben.

2 Ergänzen Sie anhand des Fallbeispiels die Symptome des Herzinfarkts.

- Übelkeit
- Unruhe
- kalter Schweiß
- Angst
- Atemnot
- Brustschmerzen

3 Ergänzen Sie anhand des Fallbeispiels die Risikofaktoren des Herzinfarkts.

- Stress
- Übergewicht
- Bewegungsmangel
- Rauchen
- Bluthochdruck
- erhöhter Blutcholesterinwert

4 Erstellen Sie mithilfe von Fachliteratur eine Checkliste „Erste Hilfe bei Verdacht auf Herzinfarkt".

- Beengende Kleidung lockern.
- Fenster öffnen.
- Den Betroffenen beruhigen.
- Sofort den Notarzt rufen, kurz die Situation schildern.
- Den Oberkörper bequem und aufrecht lagern.

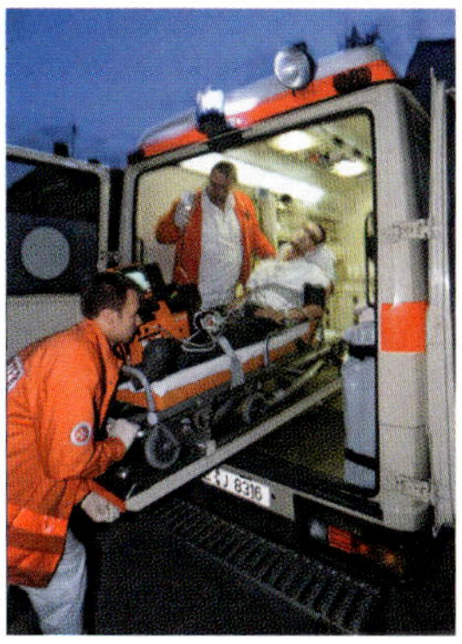

5 Kreuzen Sie die drei richtigen Aussagen an.

- [x] Der Herzinfarkt wird durch einen Verschluss der Herzkranzgefäße ausgelöst.
- [ ] Der Verschluss einer Herzkranzarterie ist nicht gefährlich, da sich sofort neue Blutgefäßäste bilden.
- [x] Die Herzkranzgefäße versorgen den Herzmuskel mit sauerstoffreichem Blut.
- [x] Die Herzkranzgefäße verengen sich im Laufe des Lebens durch arteriosklerotische Veränderungen.
- [ ] Schlanke Personen mit niedrigem Blutdruck haben ein hohes Herzinfarktrisiko.

# Herzinsuffizienz

1 Definieren Sie, was man unter einer Herzinsuffizienz versteht:

Eine Herzinsuffizienz ist ein Zustand, in dem das Herz nicht mehr in der Lage ist, die für die Versorgung des Blutkreislaufes notwendige Pumpleistung zu erbringen.

2 Zählen Sie sechs wichtige Ursachen oder Erkrankungen auf, die zu einer Herzinsuffizienz führen können.

Herzinfarkt, Herzklappenfehler, Entzündungen am Herzen, Hypertonie, Herzrhythmusstörungen, schweres Übergewicht usw.

3 Bei der Herzinsuffizienz unterscheidet man zwischen einer Links- und einer Rechtsherzinsuffizienz. Informieren Sie sich über diese Thematik im Internet oder mithilfe von Fachbüchern. Erklären Sie, was man unter diesen Erkrankungen versteht, und ergänzen Sie mögliche Symptome. Beschreiben Sie auch Symptome, die bei beiden Erkrankungen auftreten können.

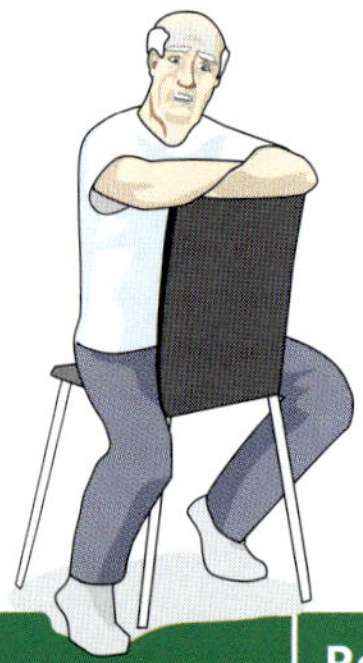

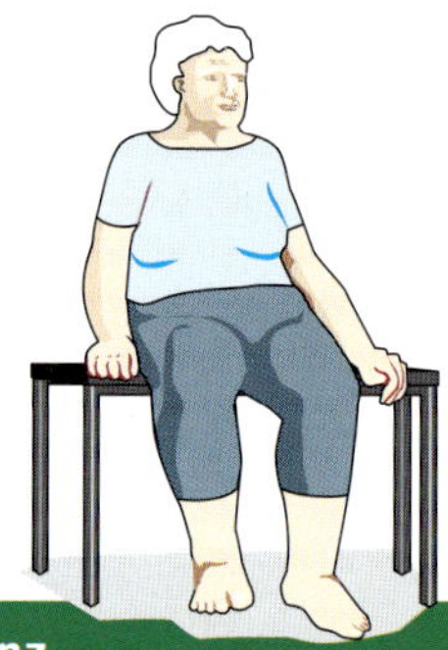

| | Linksherzinsuffizienz | Rechtsherzinsuffizienz |
|---|---|---|
| Definition: | Die linke Herzkammer kann die volle Blutmenge nicht in die Aorta auswerfen. Rückstau des Blutes in die Lungenvene. | Die rechte Herzkammer kann die volle Blutmenge nicht in den Lungenkreislauf pumpen. Das Blut staut sich vor dem Herzen in den Hohlvenen. |
| Mögliche Symptome: | Rasches Ermüden<br>Dyspnoe/Atemnot (bei Belastungen, in Ruhe)<br>Husten, rasselnde Geräusche in der Lunge, Lungenödem<br>Blaufärbung der Lippen und Fingernägel<br>Einnahme von Positionen, die das Atmen erleichtern, z. B. Kutschersitz | Halsvenenstauung<br>Wassereinlagerungen in Beinen und Füßen<br>Deutliche Gewichtssteigerung<br>Bauchwassersucht (Aszites)<br>Stauungsleber |
| Gemeinsame Symptome: | Häufiges nächtliches Wasserlassen, geringe Leistungsfähigkeit, bei Belastungen hoher Puls (Tachykardie) und Vergrößerung des Herzens. | |

4 Der Schweregrad einer Herzinsuffizienz wird nach der New York Heart Association (NYHA) in vier Stadien eingeteilt: Ergänzen Sie bei dem nachfolgenden Text die Lücken.

Im ersten Stadium einer Herzinsuffizienz hat der Betroffene zunächst keine Beschwerden (aber Auffälligkeiten im EKG) und kann ohne Einschränkungen seiner körperlichen Leistungsfähigkeit leben. Im zweiten und dritten Stadium ist die körperliche Leistungsfähigkeit bei Belastungen leicht bis stark eingeschränkt. Im letzten (vierten) Stadium kann der Herzkranke ohne Beschwerden keine körperliche Tätigkeit mehr ausüben. Die Atemnot (Dyspnoe) besteht bereits bei Ruhe.

5 Stellen Sie Überlegungen an, wie Menschen mit Herzinsuffizienz gepflegt werden müssen.

Herzlagerung (aufgerichteter Oberkörper und leicht herabhängende Beine)

Soweit nötig Bettruhe (Herzbett), Schonung des Betroffenen

Übergewicht abbauen (zur Entlastung des Herzens)

Ödeme verringern (kochsalzarme Diät und Diuretika verringern die Blutmenge durch Ausschwemmung von Wasser)

Flüssigkeitszufuhr kontrollieren

Medikamente nach Arztanweisung (Gabe von Digitalis – Steigerung der Schlagkraft des Herzens sowie Senkung der Pulsfrequenz, Nitrate – Weitstellung der Gefäße, ACE-Hemmer verringern den Gefäßwiderstand)

Pflegeziele: Verringerung der Atemnot, evtl. Sauerstoffgabe nach AVO, Vitalzeichenkontrolle, ruhige Umgebung, Erhaltung der verbliebenen Selbstständigkeit, Lebensqualität verbessern

Durchführung der Kontrakturen-,Thrombose-, Pneumonie-und Dekubitusprophylaxen

# 9 Verdauung und Ausscheidung
## Verdauungstrakt

**1** Füllen Sie den folgenden Lückentext über die Verdauung aus.

In den Organen des Verdauungstraktes werden die Nahrungsmittel zerkleinert und in ihre kleinsten löslichen **Bausteine** zerlegt: So werden aus **Kohlenhydraten** Einfachzucker, aus **Eiweißen** Aminosäuren und aus **Fetten** Glycerin + Fettsäuren. Diese Nährstoffe werden im Dünndarm **resorbiert** und über **Blut** oder **Lymphe** zu den Organen transportiert. Sie liefern dem Körper **Energie** und dienen als **Baustoffe** für den Aufbau von Körperzellen.

**2** Abschnitte des Verdauungstraktes.

a) Ordnen Sie in der linken Tabellenspalte die Organe in Reihenfolge der Nahrungspassage an.

Dickdarm, Magen, Dünndarm, Mund, Speiseröhre

b) Weisen Sie den Organen die passenden Charakteristika zu.

25 cm langer Muskelschlauch, Blinddarm – Grimmdarm – Mastdarm, Zähne, Zunge, 4 m lang, Einmündungen der 3-paarigen Speicheldrüsen, zahlreiche Darmbakterien, fasst 1,5 l, Bauchspeicheldrüsen- und Gallengangsmündung, Zwölffingerdarm – Leerdarm – Krummdarm, hat Mund – Grund – Körper – Höhle – Pförtner

| Organ | Charakteristika | Lage |
|---|---|---|
| Mund | Zähne, Zunge, Einmündungen der 3-paarigen Speicheldrüsen | Kopf |
| Speiseröhre | 25 cm langer Muskelschlauch | Hals, Mittelbrust- und Oberbauchraum |
| Magen | hat Mund – Grund – Körper – Höhle – Pförtner, fasst 1,5 l | Oberbauchraum |
| Dünndarm | Bauchspeicheldrüsen- und Gallengangsmündung, Zwölffingerdarm – Leerdarm – Krummdarm, 4 m lang | Ober-, Mittel- und Unterbauchraum |
| Dickdarm | Blinddarm – Grimmdarm – Mastdarm, zahlreiche Darmbakterien | Ober-, Mittel- und Unterbauchraum |

**3** Die Verweildauer der Nahrungsmittel im Magen ist abhängig von ihrer Zusammensetzung. Ordnen Sie den Nahrungsmitteln die zugehörige Verweildauer zu.

| | |
|---|---|
| Ölsardinen, Weihnachtsgans | 5–7 Stunden |
| Reis, weiches Ei, gekochter Fisch | 8–9 Stunden |
| gebratenes Geflügel, Schweinebraten | 4–5 Stunden |
| gekochtes Geflügel, Spinat, Schwarzbrot | 1–2 Stunden |

(Zuordnung: Ölsardinen, Weihnachtsgans → 8–9 Stunden; Reis, weiches Ei, gekochter Fisch → 1–2 Stunden; gebratenes Geflügel, Schweinebraten → 5–7 Stunden; gekochtes Geflügel, Spinat, Schwarzbrot → 4–5 Stunden)

# Enzyme – Helfer bei der Verdauung

**1** In Mund, Magen und Dünndarm finden wesentliche Verdauungsprozesse statt.
Ergänzen Sie in der Übersicht die Namen der Verdauungssäfte (erste Spalte) und die Wirkung ihrer Inhaltsstoffe auf die Nährstoffe (drei folgende Spalten).

| Verdauungssäfte | Kohlenhydrate | Fett | Eiweiß |
|---|---|---|---|
| 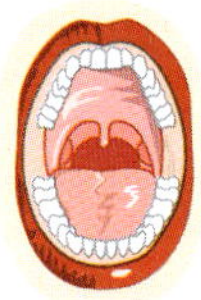 Im Mund befindet sich Speichel. | Das Enzym Amylase zerlegt Stärke in Dextrine und Malzzucker. | | |
|  Im Magen befindet sich Magensaft. | | | Durch Salzsäure wird Eiweiß ausgefällt und das Enzym Pepsin aktiviert, welches Eiweiß in Polypeptide zerlegt. |
| 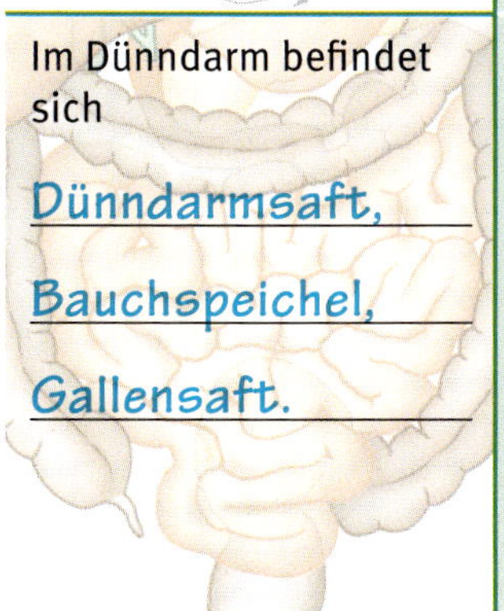 Im Dünndarm befindet sich Dünndarmsaft, Bauchspeichel, Gallensaft. | Das Enzym Amylase zerlegt Stärke in kleinere Zucker. Weitere Enzyme zerlegen Doppelzucker in Einfachzucker. | Durch Gallensaft wird Fett in feinste Fetttröpfchen aufgelöst und verteilt, d. h. emulgiert. Das Enzym Lipase spaltet Fett in Glycerin + Fettsäuren auf. | Die Enzyme Trypsin und Chymotrypsin zerlegen Polypeptide in Aminosäuren. |

**2** Etwa 10 % der Menschen in Deutschland leiden an einer Milchzuckerunverträglichkeit (Laktoseintoleranz). Nehmen Sie Fachmedien zu Hilfe und finden Sie heraus ...

a) aus welchen Einfachzuckern der Zweifachzucker Laktose besteht. Galaktose (Schleimzucker) + Glukose (Traubenzucker)

b) woran es im Dünndarm mangelt, um Laktose in verwertbare Einzelzucker zu zerlegen. Mangel des Enzyms Laktase, das auf die Laktosespaltung spezialisiert ist

c) wie es in den meisten Fällen zu diesem Mangel kommt. Meist natürlicher Rückgang nach Stillzeit, sehr selten angeboren (z. B. Gendefekt), selten erworben (im Rahmen von Darmerkrankungen)

d) weshalb das Zurückbleiben von Laktose im Darm Probleme bereiten kann und wie sich diese äußern.
Im Dickdarm Vergärung der Laktose durch Bakterien. Folge: Blähungen, Winde, Durchfall, Bauchkrämpfe. Evtl. auch Übelkeit, Müdigkeit, Kopfschmerz.

# Erkrankungen des Verdauungstrakts

1 Einer Erkrankung vorzubeugen ist wesentlich besser, als sie behandeln zu müssen. Ergänzen Sie in der Übersicht Symptome und Ursachen einer Erkrankung und überlegen Sie anhand der Ursachen, wie Maßnahmen der Prophylaxe aussehen könnten.

| | Symptome | Ursachen | Prophylaxe |
|---|---|---|---|
| Akute Magenschleimhautentzündung (Gastritis) | Sodbrennen, Übelkeit, Druckgefühl und Schmerz im Oberbauch, Appetitlosigkeit | ▪ übermäßiger Alkoholkonsum<br>▪ Lebensmittelvergiftung durch Giftstoffe bestimmter Bakterien<br>▪ schwere psychische oder körperliche Belastung, Stress<br>▪ „Fast Food“, Nikotin, Kaffee<br>▪ Leistungssport<br>▪ Schmerztabletten | ► Ruhephasen, Entspannung, Konflikttraining<br>► Lebensmittelhygiene<br>► Vollwertkost, achtsames Essen<br>► maßvoll Süßes, Kaffee, Alkohol<br>► Schmerztabletten möglichst selten<br>► Nikotinverzicht |
| Gallensteinleiden (Cholelithiasis) | Druck- und Völlegefühl im Oberbauch, Blähungen, Aufstoßen, Fettunverträglichkeit; bei Steineinklemmung akute Kolik mit Übelkeit und Erbrechen! | ▪ Übergewicht<br>▪ erhöhter Blutfettspiegel<br>Auslöser für Kolik:<br>▪ Alkohol<br>▪ fette Speisen<br>▪ psychischer Stress | ► Vollwertkost (v. a. fettarm, zuckerarm, ballaststoffreich)<br>► viel trinken<br>► Alkoholverzicht<br>► Bewegung |
| Durchfall (Diarrhö) | gehäufte Stuhlentleerung, Stuhl breiig bis flüssig | ▪ Lebensmittelvergiftung<br>▪ Darminfektionen durch Erreger<br>▪ Darm- oder Bauchspeicheldrüsenerkrankung<br>▪ Alkohol, Nikotin, Koffein, Medikamente<br>▪ Stress, seelische Anspannung | ► Hygiene (v. a. Händewaschen)<br>► Entspannung, Bewegung<br>► Vollwertkost, viel trinken<br>► maßvoll Kaffee, Alkohol<br>► Nikotinverzicht |
| Verstopfung (Obstipation)<br><br> | Stuhl hart und trocken; seltene, schmerzhafte Darmentleerung, Blähungen, Völlegefühl, Appetitlosigkeit | ▪ ballaststoffarme Kost<br>▪ zu geringes Trinken<br>▪ Bewegungsmangel<br>▪ Hektik, Stress, Trauer<br>▪ Darmwanderkrankungen, Störungen der Darmperistaltik | ► Bewegung<br>► Entspannung<br>► Vollwertkost (v. a. ballaststoffreich)<br>► viel trinken |

**2** Kreuz und quer geht es in diesem Kreuzworträtsel zu, aber glücklicherweise nicht bei Diagnostik und Therapie von Erkrankungen des Magen-Darm-Traktes. Finden Sie das Lösungswort. (Beachten Sie: ä = ae, ö = oe, ü = ue, ß = ss)

1. Bei einer Gallenkolik lindern __heiße__ Kompressen in der Gallenblasengegend den Schmerz.
2. Bei einer Gallenkolik heißt es in Bezug aufs Essen erst einmal __Nulldiät__.
3. In seltenen Fällen sind bei bakteriellen Durchfallerkrankungen auch __Antibiotika__ notwendig.
4. Führen oft eher zu einem Teufelskreis, als dass sie bei Verstopfung helfen: __Abführmittel__.
5. Bei schwerer Verstopfung kann, nach ärztlicher Abklärung, ein reinigender __Einlauf__ helfen.
6. __Ruhe__ und Entspannung gehören zur Behandlung einer Gastritis.
7. Zur Behandlung einer Gallenkolik werden __krampflösende__ Medikamente gegeben.
8. Fachwort für Körpersalze: __Elektrolyte__.
9. Säurebindende Medikamente heißen fachsprachlich __Antazida__.
10. Vor allem Menschen mit Durchfall benötigen besonders viel __Flüssigkeit__, um nicht auszutrocknen.
11. Mit der __Magenspiegelung__ kann ein Arzt eine Gastritis feststellen.
12. Bei einer akuten Gastritis folgt auf die Nahrungskarenz der stufenweise __Kostaufbau__.
13. Große Gallensteine muss man __operativ__ entfernen.
14. Für die „lokale Wärmeanwendung" nutzt man oft eine __Wärmflasche__.
15. Gallensteine kann man mithilfe von __Ultraschall__ zertrümmern.

Besser als jede Behandlung ist das Vorbeugen durch eine gesunde

| L | E | B | E | N | S | W | E | I | S | E |
|---|---|---|---|---|---|---|---|---|---|---|

## Niere

1 a) Beschriften Sie die Abbildung einer linksseitigen Niere mit den folgenden Begriffen:

> Harnleiter – Nierenarterie – Nierenbecken – Nierenvene – Nierenrinde – Markpyramide – abführende Arteriole – Bowman'sche Kapsel – Harnkanälchen – Kapillarknäuel – zuführende Arteriole

b) Zeichnen Sie Pfeile ein, um die Fließrichtung in den Blutgefäßen und im Harnleiter zu verdeutlichen.

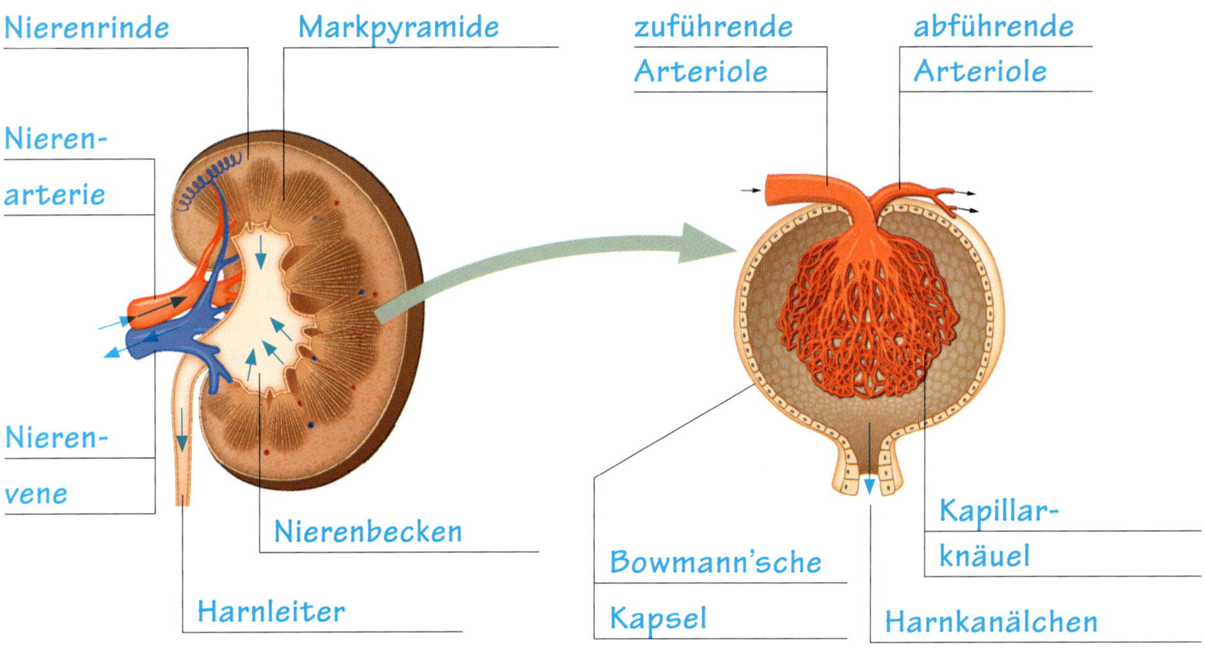


2 Füllen Sie im Text zur Harnbildung und -weiterleitung die Lücken aus.

Durch die Nieren fließen täglich 1 500 Liter Blut. Pro Niere verteilt sich das Blut auf eine Million Nephrone, die kleinsten Arbeitseinheiten der Niere. Ist der systolische Blutdruck ausreichend hoch (› 60 mmHG), werden aus dem Kapillarknäuel Wasser, Glucose, Aminosäuren, Vitamine und Hormone, vor allem aber Harnstoff und Salze in die Bowman'sche Kapsel gepresst.
Durch diese Filtration entstehen am Tag etwa 180 Liter Primärharn.
Auf dem langen Weg durch die Harnkanälchen werden ca. 99 % des Wassers und weitere wertvolle Bestandteile des Primärharns zurückgewonnen und dem Blut zugeführt, also in großen Teilen rückresorbiert.
Schädliche Stoffwechselprodukte wie der Harnstoff und andere Giftstoffe verbleiben weitgehend in den Harnkanälchen. Sie ergeben, in Wasser gelöst, den Endharn (gut 1,5 Liter pro Tag).
Über Sammelrohre wird der Harn in das Nierenbecken geleitet, durch die Harnleiter zur Blase transportiert, gesammelt und schließlich kontrolliert über die Harnröhre ausgeschieden.

**3** Außer der körpereigenen „Blutwäsche“ nehmen die Nieren weitere wichtige Funktionen wahr. Welche sind dies? Ziehen Sie zur Beantwortung der Frage auch andere Fachmedien hinzu.

Die Nieren

- reinigen und entgiften das Blut
- regulieren den Wasser- und Salzhaushalt des Körpers (inkl. pH-Wert)
- sind an der Blutdruckregulation beteiligt
- produzieren Hormone, z. B. Erythropoetin, das die Blutbildung anregt

**4** Erkrankungen der Niere können vielfältige Ursachen und Folgen haben. Markieren Sie in den Quizfragen die jeweils richtige Antwort.

a) Die Bildung von Harnsäuresteinen in der Niere wird begünstigt durch einen ...

| | | | |
|---|---|---|---|
| A: hohen Konsum an Bohnen, Linsen und Soja | ☐ | B: niedrigen Konsum an Bohnen, Linsen und Soja | ☐ |
| C: niedrigen Konsum an Fleisch, Wurst und Fisch | ☐ | D: hohen Konsum an Fleisch, Wurst und Fisch | ☒ |

b) Zur Prophylaxe von Nierensteinen wird gesunden Erwachsenen als Trinkmenge empfohlen ...

| | | | |
|---|---|---|---|
| A: 1–2 Tassen pro Tag | ☐ | B: maximal 1 Liter pro Tag | ☐ |
| C: 1 ½–2 Liter pro Tag | ☒ | D: 3–4 Liter pro Tag | ☐ |

c) Beinödeme, Juckreiz, Appetitlosigkeit, Übelkeit/Erbrechen und urinartiger Mundgeruch sind Symptome ...

| | | | |
|---|---|---|---|
| A: eines Blasensteins | ☐ | B: einer Nierenbeckenentzündung | ☐ |
| C: einer Harnvergiftung | ☒ | D: einer Harninkontinenz | ☐ |

d) Die Bildung von Oxalatsteinen in der Niere wird begünstigt durch einen erhöhten Verzehr von ...

| | | | |
|---|---|---|---|
| A: Feldsalat, Ei und Rindfleisch | ☐ | B: Rhabarber, Kakao und Mangold | ☒ |
| C: Äpfeln, Erbsen und Spargel | ☐ | D: Tomaten, Trauben und Pfefferminztee | ☐ |

e) Für eine Nierenkolik spricht am ehesten ...

| | | | |
|---|---|---|---|
| A: krampfartiger Schmerz in der Lendengegend | ☒ | B: Schmerz beim Wasserlassen, übel riechender Urin | ☐ |
| C: Schmerz im rechten Unterbauch, hohes Fieber | ☐ | D: Brustschmerz mit Ausstrahlung in den linken Arm | ☐ |

f) Die drohende Abstoßung einer gespendeten Niere kann nur verhindert werden durch ...

| | | | |
|---|---|---|---|
| A: eine konsequente Diät | ☐ | B: konsequente Einnahme von Medikamenten | ☒ |
| C: eine Weiterführung der Dialyse 1 x/Woche | ☐ | D: eine Impfung | ☐ |

g) Eine Nierenfunktionseinschränkung wird *nicht* begünstigt durch ...

| | | | |
|---|---|---|---|
| A: Medikamente | ☐ | B: Zuckerkrankheit | ☐ |
| C: Bluthochdruck | ☐ | D: Arthrose | ☒ |

h) Blasentraining und Beckenbodentraining sind sinnvoll im Zusammenhang mit ...

| | | | |
|---|---|---|---|
| A: Harninkontinenz | ☒ | B: Nierensteinen | ☐ |
| C: Dialysetherapie | ☐ | D: akutem Nierenversagen | ☐ |

i) Die Dialyse wird in speziellen Dialysezentren üblicherweise durchgeführt ...

| | | | |
|---|---|---|---|
| A: jeden Morgen und Abend | ☐ | B: zwei- bis dreimal pro Woche | ☒ |
| C: alle zwei bis drei Wochen | ☐ | D: einmal im Monat | ☐ |

# 10 Stoffwechsel und Hormone
## Stoffwechselvorgänge

1 a) Kreuzen Sie die richtigen Aussagen an.

| | |
|---|---|
| X | 1) Der Energiegehalt wird in Kilojoule oder Kilokalorie gemessen (1 kcal ≈ 4,2 kJ). |
| X | 2) Unter Grundumsatz versteht man den Energiebedarf zur Erhaltung der Körperfunktionen. |
| | 3) Im Betriebsstoffwechsel werden vor allem Fette und Eiweiße abgebaut. |
| | 4) Der Energieverbrauch eines Erwachsenen mit sitzender Tätigkeit beträgt ca. 2 300 kJ/Tag. |
| X | 5) Das Eiweiß in der Nahrung ist bedeutsam für den Zellaufbau im Baustoffwechsel. |
| X | 6) Energiereserven finden sich in Form von Fett (Fettgewebe) und Glykogen (Leber und Muskel). |
| | 7) Der Mensch kann bis zu 14 Tage ohne Wasserzufuhr auskommen. |
| X | 8) Kinder, Schwangere oder körperlich schwer Arbeitende haben einen erhöhten Eiweißbedarf. |
| X | 9) Der Körper eines Erwachsenen besteht zu etwa 50–60% aus Wasser. |

b) Streichen Sie die falschen Aussagen durch und schreiben Sie sie in korrekter Form hier auf.

zu 3) Im Betriebsstoffwechsel werden v. a. Kohlenhydrate und Fette abgebaut.

zu 4) Der Energieverbrauch eines Erwachsenen mit sitzender Tätigkeit beträgt ca. 9 200 kJ/Tag.

zu 7) Ein Mensch kann nicht einmal 36 Stunden auf Wasser verzichten.

2 Wasser ist Leben! Wegen des natürlichen Wasserverlustes muss es regelmäßig zugeführt werden und umso mehr ersetzt werden, wenn krankheitsbedingt viel Wasser (und Salze) verloren gegangen ist.

a) Nennen Sie Beispiele für natürlichen wie krankheitsbedingten Wasser- und Salzverlust.

Natürlicherweise: z. B. über Schweiß, Urin, Stuhl

Krankheitsbedingt: z. B. bei Blutverlust, Erbrechen, Durchfall, Fieber

b) Zählen Sie auf, welche schwerwiegenden Folgen ein erhöhter Wasser- und Salzverlust haben kann.

Kreislaufkollaps, Stoffwechsel- und Nierenversagen

Verlag Dr. Felix Büchner – Handwerk und Technik GmbH, Lademannbogen 135, 22339 Hamburg; Postfach 63 05 00, 22331 Hamburg
www.handwerk-technik.de

# Hormondrüsen und Hormone

1 a) Beschriften Sie die Abbildung, indem Sie die Namen der Hormondrüsen in die jeweils passende Zeile der Tabelle eintragen.

b) Ergänzen Sie in der Tabelle die Wirkungen der aufgeführten Hormone, die – neben weiteren Hormonen – in den jeweiligen Hormondrüsen gebildet werden.

| Körper eines Erwachsenen | Hormondrüsen | Hormone (Auswahl) | Hormonwirkung |
|---|---|---|---|
| 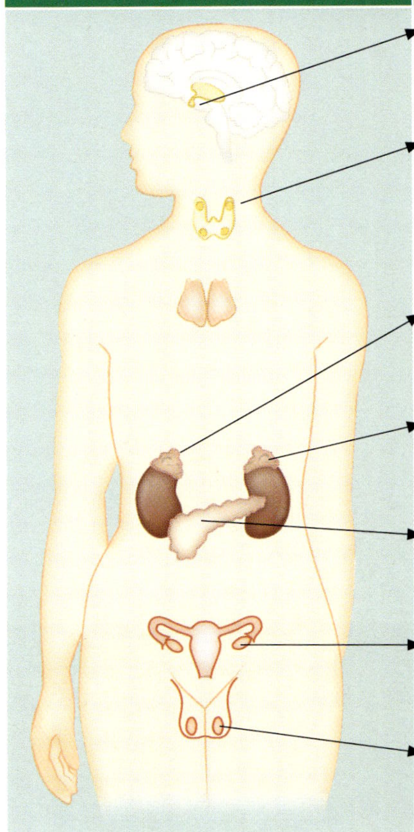 | Hypophyse | ▪ Wachstumshormon<br>▪ Gonadotropine | ► Zellwachstum, -vermehrung<br>► Keimdrüsentätigkeit |
| | Schilddrüse | Thyroxin | erhöht Grundumsatz, steigert Herztätigkeit, Körpertemperatur, Fettabbau; steuert Längenwachstum und Gehirnentwicklung |
| | Nebennierenrinde | ▪ Glukokortikoide<br>▪ Mineralkortikoide | ► Eiweiß- und Fettaufbau, Entzündungshemmung<br>► Wasserhaushalt- und Blutdruckregulation |
| | Nebennierenmark | Adrenalin, Noradrenalin | Puls- und Blutdrucksteigerung, Freisetzung von Blutzucker, Bronchienerweiterung (Stressreaktion) |
| | Bauchspeicheldrüse | Insulin, Glukagon | Blutzuckerregulation |
| | Eierstöcke bei der Frau | Östrogene | weibliche Geschlechtsmerkmale, Menstruationszyklus |
| | Hoden beim Mann | Androgene (Testosteron) | männliche Geschlechtsmerkmale |

2 Die Schilddrüse wird übergeordnet gesteuert. Beschreiben Sie, wann die Bildung und Ausschüttung von Schilddrüsenhormonen gehemmt, wann gefördert wird.

*Die Schilddrüse wird durch Hypophyse und Hypothalamus gesteuert. Sind ausreichend Schilddrüsenhormone im Blut, wird die Hormonausschüttung gehemmt. Ist der Schilddrüsenspiegel im Blut zu niedrig, regt die Hypophyse die Schilddrüse zum Aufbau von Schilddrüsenhormonen an.*

# Regulation des Blutzuckerspiegels

**1** Ergänzen Sie die Beschriftungen in der Abbildung und malen Sie in die untere Blutbahn die passende Menge Blutzuckermoleküle ein, die sich durch die Regulation ergibt.

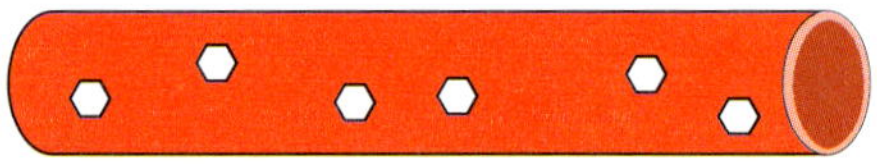

Niedriger Blutzuckerspiegel

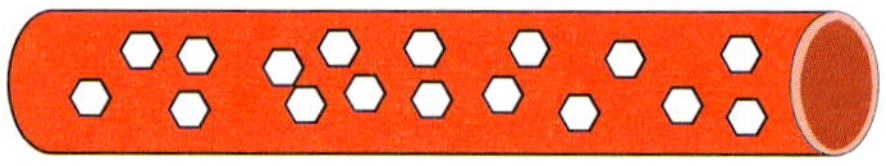

Hoher Blutzuckerspiegel

Signal

Ausschüttung des Hormons Glukagon, das den Glykogenabbau in der Leber fördert.
Folge: mehr Glukose im Blut

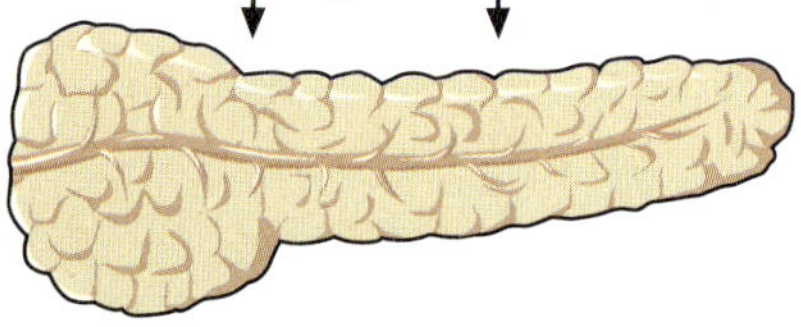

Bauchspeicheldrüse

Ausschüttung des Hormons Insulin, das die Verbrennung der Glukose bzw. die Fettbildung fördert. Folge: Glukoseabzug aus dem Blut

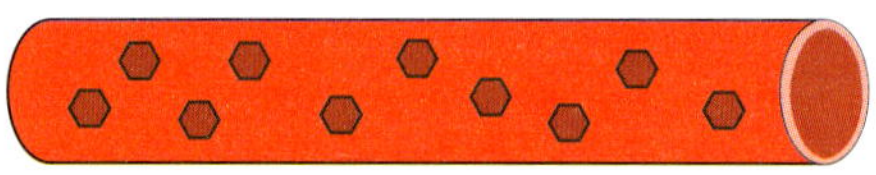

Normaler Blutzuckerspiegel

**2** Wirkung von Insulin auf den Zellstoffwechsel.

> Stellen Sie sich vor, es ist Sommer und ein großer Pflaumenbaum hängt voller Früchte. Eine Frau, Ines Lindholm, die eigens für die Verarbeitung der Pflaumen angestellt ist, steigt auf eine hohe Leiter, holt die Pflaumen herunter und verteilt sie an die Familie, für die sie arbeitet. Ein paar der Früchte werden sofort gegessen, aber nicht alle. Von den übrigen Pflaumen friert Frau Lindholm die meisten ein. Da aber nicht alle ins Tiefkühlfach passen, macht sie aus dem Rest Pflaumenmus und Ähnliches mehr. Sie ist eine resolute Frau und weiß zu verhindern, dass jemand sich über die Vorräte hermacht, solange noch genügend frische Pflaumen da sind. Wenn es im Winter keine frischen Pflaumen gibt, holt ein anderer die Vorrats-Pflaumen hervor, taut sie auf und verteilt sie, sodass niemand hungern muss.

Sehen Sie Parallelen? Ordnen Sie den Textelementen die Entsprechung im Zuckerstoffwechsel zu.

| | |
|---|---|
| **Sommer, Erntezeit** | kohlenhydratreiche Mahlzeit |
| **Pflaumen** | Blutzucker (Glukose) |
| **Frau Ines Lindholm** | Insulin |
| **Essen von Pflaumen** | Verbrennung von Glukose |
| **Einfrieren von Pflaumen** | Speichern von Glukose in Form von Glykogen |
| **Herstellen von Pflaumenmus u.ä.** | Umwandeln von Glukose in Fett oder Eiweiß |
| **Verhindern des Öffnens von Vorräten** | Hemmung des Glykogen- und Fettabbaus |
| **Winter** | Nahrungspause, Fasten |
| **Hervorholen der Tiefkühlpflaumen** | Abbau von Glykogen (z. B. durch Glukagon) |

# Diabetes mellitus – Ursachen und Behandlung

**1** Ordnen Sie dem Diabetes Typ 1 und Typ 2 die passenden Merkmale zu, indem Sie die richtige Seite ankreuzen.

| Typ 1 | Merkmal | Typ 2 |
|---|---|---|
| ☐ | meist liegt Übergewicht vor | ☒ |
| ☒ | absoluter Insulinmangel, es besteht Insulinpflicht | ☐ |
| ☒ | ursächlich ist eine Autoimmunreaktion nach einem Virusinfekt | ☐ |
| ☐ | langsame Entwicklung (über Jahre) | ☒ |
| ☒ | beginnt häufig im Kindes- und Jugendalter | ☐ |
| ☐ | erhöhter Insulinbedarf, oft liegt eine Insulinresistenz vor | ☒ |
| ☒ | plötzliches Auftreten von Symptomen (Stunden bis Tage) | ☐ |
| ☐ | durch Gewichtsnormalisierung können die Symptome zurückgehen | ☒ |

**2** Markieren Sie in folgendem Quiz die jeweils richtige Antwort.

a) Für das Ernährungs- und Trinkverhalten des Diabetikers werden empfohlen ...

| | | | |
|---|---|---|---|
| A: Alkohol pur | ☐ | B: ballaststoffarme Kost | ☐ |
| C: 6–7 kleine Mahlzeiten auf Tag verteilt | ☒ | D: max. 1 Liter Mineralwasser | ☐ |

b) Ein normalgewichtiger Erwachsener mit leichter körperlicher Arbeit benötigt am Tag etwa ...

| | | | |
|---|---|---|---|
| A: 3 BE | ☐ | B: 10 BE | ☐ |
| C: 15 BE | ☒ | D: 30 BE | ☐ |

c) 1 Broteinheit (BE) findet sich in ...

| | | | |
|---|---|---|---|
| A: einer großen grünen Paprika | ☐ | B: einem kleinen Brötchen à 50 g | ☐ |
| C: einem Becher Joghurt à 150 g (3,5 % Fett) | ☐ | D: einer Scheibe Weißbrot à 20 g | ☒ |

d) Die Gabe von Insulin erfolgt ...

| | | | |
|---|---|---|---|
| A: als Tablette zum Schlucken | ☐ | B: als Injektion in den Muskel | ☐ |
| C: als Pflaster zum Aufkleben | ☐ | D: als Injektion in die Unterhaut | ☒ |

e) Hat man Normalinsulin gespritzt, muss die Mahlzeit erfolgen ...

| | | | |
|---|---|---|---|
| A: ca. 15–30 Minuten vorher | ☐ | B: gleichzeitig | ☐ |
| C: ca. 15–30 Minuten danach | ☒ | D: ca. 1–2 Stunden danach | ☐ |

f) Für den Typ-1-Diabetiker kommt, im Unterschied zu Typ-2-Diabetikern, *nicht* infrage ...

| | | | |
|---|---|---|---|
| A: die Einnahme oraler Antidiabetika | ☒ | B: das Spritzen mit einer herkömmlichen Spritze | ☐ |
| C: das Spritzen mit einem Pen | ☐ | D: die Nutzung einer Insulinpumpe | ☐ |

g) Die Aufbewahrung von Insulin erfolgt ...

| | | | |
|---|---|---|---|
| A: im Tiefkühlfach | ☐ | B: im Kühlfach | ☒ |
| C: im Küchenschrank | ☐ | D: oberhalb des Herdes | ☐ |

# Blutzuckerentgleisungen und Erste Hilfe bei Diabetes mellitus

**1** Ein zu niedriger Blutzucker kann ebenso gefährlich sein wie ein zu hoher Blutzucker. Ergänzen Sie in der Übersicht die Normwerte des *Nüchtern*-Blutzuckers und mögliche Ursachen und Symptome einer Entgleisung.

| Ursachen | Blutzucker mg/dl | | Symptome |
|---|---|---|---|
| Diätfehler, Unterdosierung von Insulin/Tabletten, Infektionen, Stress; noch unerkannter Diabetes mellitus | 1000<br>900<br>800<br>700<br>600<br>500<br>400<br>300 | schwere Überzuckerung | z. B. Bewusstlosigkeit (diabetisches Koma), Apathie, Übelkeit, Müdigkeit, Schwäche, große Harnmenge, starker Durst, trockene Haut, evtl. Aceton (Keton) im Urin |
| | 200 | oberer Grenzwert zwei Stunden nach kohlenhydratreichem Essen | |
| | 180 | Nierenschwelle | Zucker im Urin nachweisbar |
| | 140 | Überzuckerung | |
| | 120 | oberer Normwert | |
| | 80 | unterer Normwert | |
| zu wenig BE in Relation zu Insulin-/Tablettendosis oder körperlicher Aktivität; Alkohol | 60 | Unterzuckerung | z. B. Schweißausbruch, Unruhe, Heißhunger, Zittrigkeit, Schwäche, weiche Knie, Bewusstlosigkeit (Schock) |

**2** Erste Hilfe bei Blutzuckerentgleisungen.

a) Nennen Sie empfohlene Erstmaßnahmen bei einer Unter- oder Überzuckerung.

Unterzuckerung: Traubenzucker, Apfelsaft (sofern noch bei Bewusstsein). Sofort Arzt rufen!

Überzuckerung: Insulin, Flüssigkeitszufuhr. Sofort Arzt rufen!

b) Nicht immer sind die Symptome eindeutig, auch kann ein Blutzuckermessgerät bei extremen Werten „streiken". Was meinen Sie, wie man sich wohl im Zweifelsfall verhalten sollte – eher Traubenzucker geben oder Insulin?

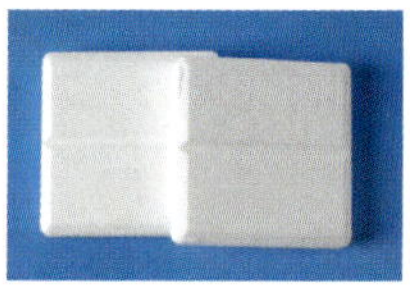

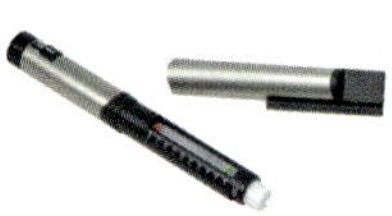

Im Zweifel eher Traubenzucker, hilft schnell bei Unterzucker, würde Überzucker nicht entscheidend verstärken. Nie Insulin, könnte bei Unterzucker tödlich sein!

# Spätschäden des Diabetes mellitus

**1** Lösen Sie das Kreuzworträtsel zu Spätschäden und deren Prophylaxe (ß = ss).

1. Das Auftreten von Spätschäden beeinflusst entscheidend die Lebenserwartung und -qualität von Diabetikern.
2. Die Entstehung von Spätschäden hängt sehr von der Dauer der Diabeteserkrankung und Güte der Stoffwechseleinstellung ab.
3. Liegt eine Nephropathie vor, heißt das, dass die Kapillaren der Nieren geschädigt wurden.
4. Führt Diabetes langfristig zu einer hochgradigen Einschränkung der Nierenfunktion, ist am Ende eine Dialyse unumgänglich.
5. Als Folge von Diabetes kann sich an den größeren Arterien eine Arteriosklerose entwickeln.
6. Durchblutungsstörungen im Gehirn können im schlimmsten Fall als Schlaganfall erkennbar werden.
7. Kribbeln und Taubheitsgefühl in den Füßen und mangelndes Temperaturempfinden sprechen für das Vorliegen einer Neuropathie (Fachwort).
8. Entwickelt sich am Fuß eine diabetische Gangrän, kann als chirurgische Maßnahme eine Amputation notwendig werden.
9. Bei Diabetikern kommt der umsichtigen Fußpflege (gut passende Schuhe, nicht barfuß laufen etc.) besondere Bedeutung zu.
10. Beim Diabetes mellitus kommt es nicht unweigerlich zu Spätschäden, denn sie sind durchaus vermeidbar.
11. Spätschäden an der Netzhaut der Augen können bis hin zu Blindheit führen.

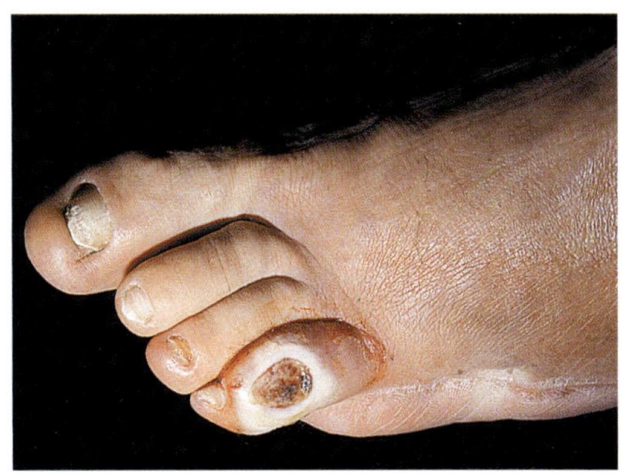

# 11 Nervensystem

## Übersicht über das Nervensystem

1 Ergänzen Sie mithilfe der folgenden Begriffe und Textbausteine die Übersicht über das menschliche Nervensystem:

| | | |
|---|---|---|
| Sympathikus | Parasympathikus | Einteilung nach dem Aufbau |
| Rückenmark | willkürliches Nervensystem | zentrales Nervensystem (ZNS) |
| Gehirn | peripheres Nervensystem | Nervensystem |
| vegetatives Nervensystem | Einteilung nach der Funktion | |

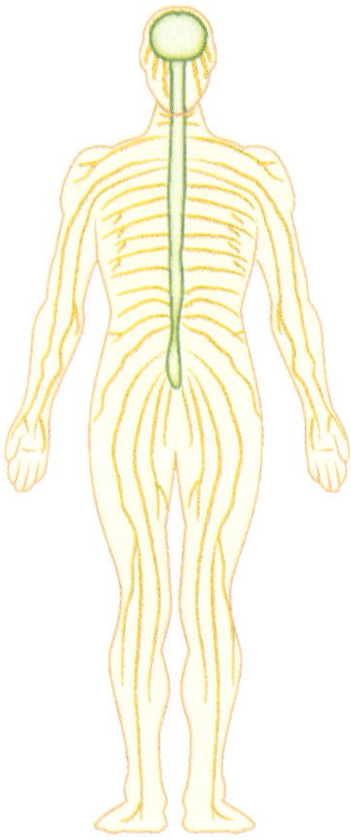

- Nervensystem
  - Einteilung nach dem Aufbau
    - zentrales Nervensystem (ZNS)
      - Gehirn
      - Rückenmark
    - peripheres Nervensystem
  - Einteilung nach der Funktion
    - willkürliches Nervensystem
    - vegetatives Nervensystem
      - Sympathikus
      - Para-sympathikus

# Nervenzelle

**1** Ordnen Sie die folgenden Begriffe der nachfolgenden Abbildung einer Nervenzelle zu.

| | | |
|---|---|---|
| Muskelzelle | Synapse | Markscheide |
| Axon | Zellkern | Ranvier'scher Schnürring |
| Zellkörper | Dendriten | |

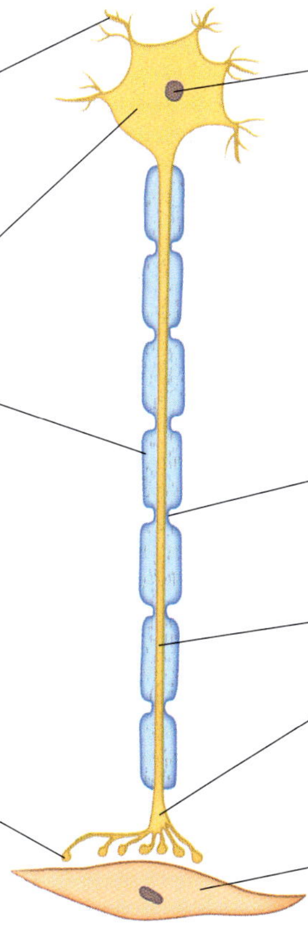

1. Dendriten
2. Zellkern
3. Zellkörper
4. Markscheide
5. Axon
6. Ranvier'scher Schnürring
7. Synapse
8. Muskelzelle

**2** Beschreiben Sie mithilfe von Fachbüchern oder Internetquellen die Reizweiterleitung von Nervenzelle zu Nervenzelle und innerhalb der Nervenzelle. Informieren Sie sich über die Wirkungsweise von Nervengiften, z. B. E 605, Curare oder das Gift der Schwarzen Witwe.

Bei der Reizweiterleitung zwischen den Nervenzellen wird von den Synapsen ein chemischer Impuls ausgesandt (Freisetzung von Neurotransmittern in den synaptischen Spalt). Die Neurotransmitter übertragen den Reiz auf die nächste Nervenzelle, indem sie die Rezeptorenstellen der Dendriten besetzen. Dadurch erfolgt die Reizweiterleitung (als elektrischer Reiz) über das Axon mit der Markscheide bis zur Synapse. Von dort erfolgt entweder eine weitere Erregung einer Nervenzelle oder die Reizübertragung auf ein Organ, z. B. Muskel. Die Reizleitungsgeschwindigkeit beim Menschen beträgt maximal 100 m/s. Viele Nervengifte wirken an den Synapsen der Nervenzellen. Sie fördern oder hemmen die Freisetzung von Transmittern oder blockieren die Rezeptorenstellen an den Dendriten.

# Aufbau und Funktion des Gehirns

1 Beschriften Sie die Abbildung des Gehirns und kennzeichnen Sie die verschiedenen Bereiche in unterschiedlichen Farben.

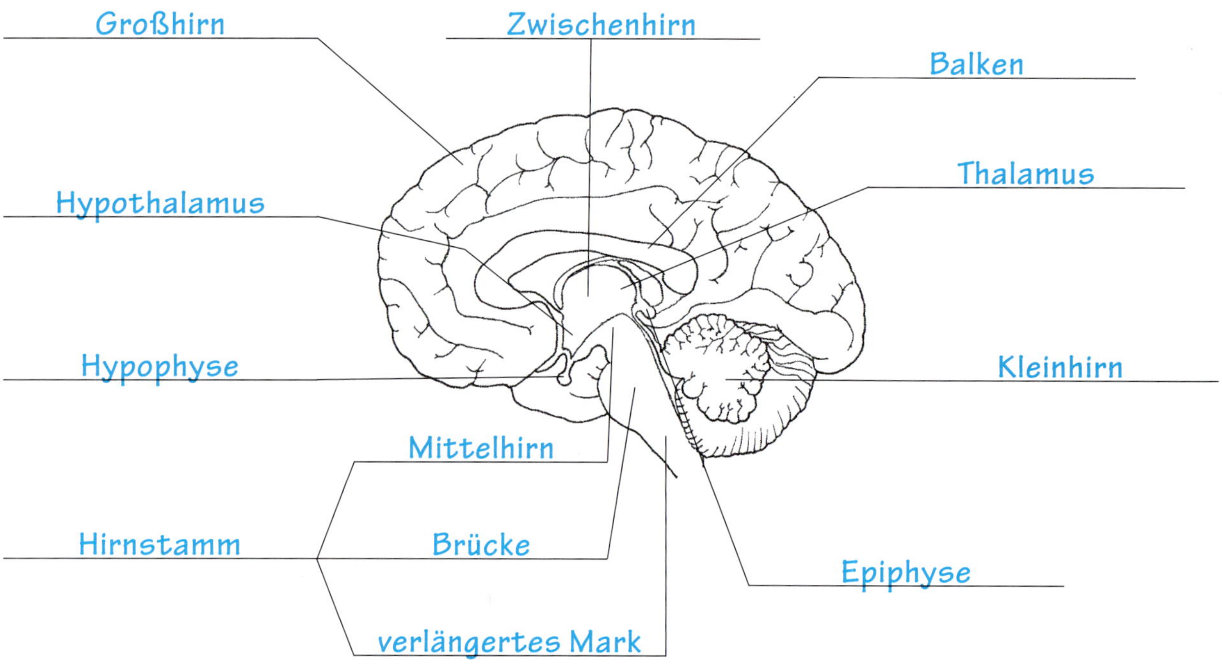


2 Ordnen Sie den genannten Gehirnbereichen die richtigen Funktionen zu. Informieren Sie sich anhand von Fachliteratur (z. B. Anatomie- und Physiologiebücher).

| | |
|---|---|
| Mittelhirn | Verbindung der beiden Großhirnhälften |
| Kleinhirn | Sitz wichtiger Zentren wie z. B. des Atmungs-, Kreislauf-, Schluck- und Hustenzentrums |
| Zwischenhirn | steuert die Körperbewegungen und das Gleichgewicht |
| Balken | Aufnehmen von Sinnesempfindungen, Denkvorgänge und Erteilung von Befehlen an die Skelettmuskulatur |
| Großhirn | Sitz vieler vegetativer Zentren, Verbindung zum Hormonsystem durch die Hypophyse |
| verlängertes Mark | wichtige Schaltstelle für das optische und akustische System |

3 Informieren Sie sich in Biologiebüchern oder über das Internet über den Gehirnaufbau von Wirbeltieren (z. B. Fisch, Frosch, Reptil, Vogel, Säugetier). Beschreiben Sie die Unterschiede. Diskutieren Sie den möglichen Zusammenhang zwischen dem Gehirnaufbau und den Fähigkeiten eines Lebewesens.

Je höher ein Lebewesen entwickelt ist, desto stärker verändert sich die Größe der verschiedenen Gehirnbereiche. Besonders die Größe und Furchung des Großhirns scheint die Entwicklung von Denk- und Lernprozessen zu bedingen.

# Erkrankungen des Nervensystems

**1** Lösen Sie das Kreuzworträtsel, indem Sie die nachfolgenden Sätze ergänzen (ä = ae, ö = oe, ü = ue).

**2** Die umkreisten Buchstaben ergeben in der richtigen Reihenfolge das Lösungswort.

**Waagerecht**

1. Zunehmende Störungen des Gedächtnisses, Orientierungsstörungen, Nachlassen der Urteilsfähigkeit können Anzeichen für die Krankheit Alzheimer sein.
2. Die Krankheit Multiple Sklerose führt zu einer Entzündung der Markscheiden der Nervenfasern.
3. Im weiteren Verlauf der MS kann es häufig zu Gleichgewichtsstörungen, Muskelschwäche, Lähmungen, Sehstörungen usw. kommen.
4. Die parkinsonsche Erkrankung wird auch als Schüttellähmung bezeichnet.
5. Zu den möglichen Symptomen der Parkinsonerkrankung gehören u. a. Bewegungsverlangsamung bis zu Bewegungslosigkeit, Starre, Steifheit, unkontrolliertes Zittern sowie eine Unsicherheit beim Gehen und Stehen.

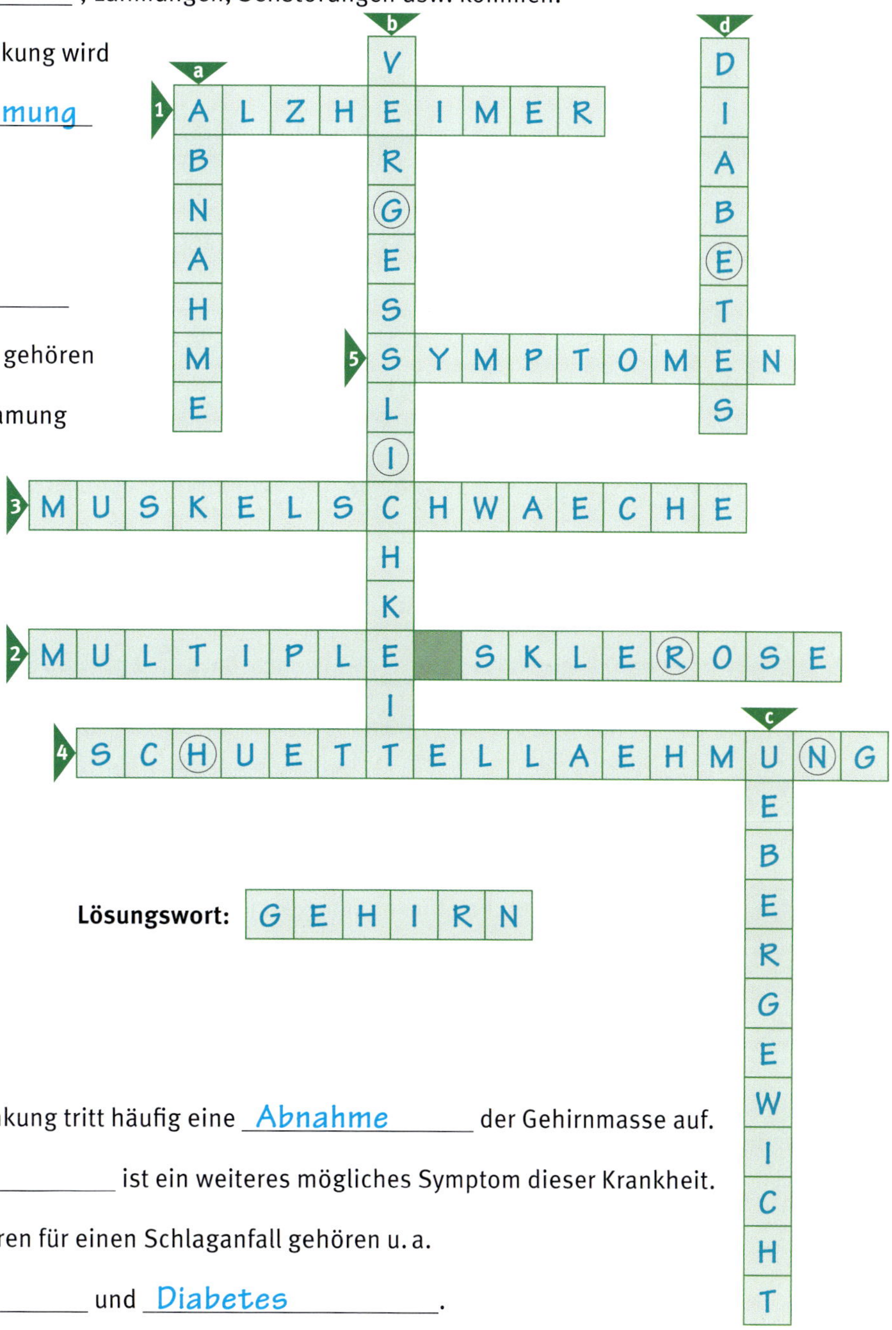

**Lösungswort:** G E H I R N

**Senkrecht**

a. Bei einer Alzheimererkrankung tritt häufig eine Abnahme der Gehirnmasse auf.

b. Vergesslichkeit ist ein weiteres mögliches Symptom dieser Krankheit.

c. und d. Zu den Risikofaktoren für einen Schlaganfall gehören u. a. Übergewicht und Diabetes.

# 12 Sinnesorgane
## Aufbau und Funktion des Auges

1 Ergänzen Sie die folgende Abbildung des Auges.

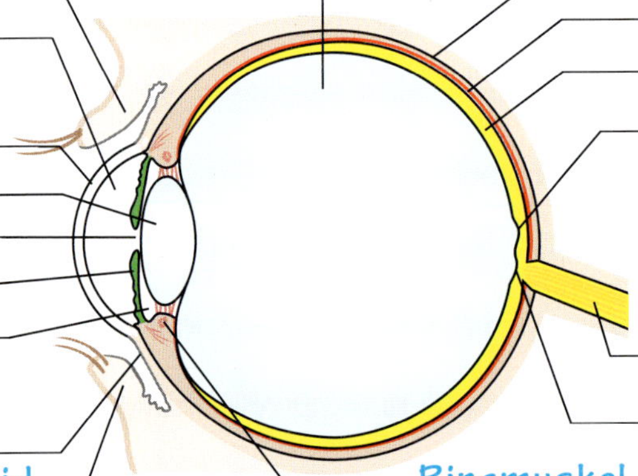


2 Fügen Sie in den folgenden Text über den Sehvorgang die nachfolgenden Begriffe sinnvoll ein:

Lichtstrahlen, Weite, Stäbchen, Sehvorgang, Dunkelheit, Hornhaut, Sehzentrum, Linse, Akkommodation, Helligkeit, Strukturen, gebrochen, Netzhaut, umgekehrtes, Zapfen, Ziliarkörper, Brechkraft

Aus der Umgebung dringen Lichtstrahlen als ständiger Reiz durch die durchlässigen Strukturen des menschlichen Auges. Dazu wird das Licht für den Sehvorgang mehrfach gebrochen. Dies geschieht zunächst an der Hornhaut mit gleichbleibender Brechkraft. An der nachfolgenden Linse kann die Brechkraft verändert werden. Die Linse ist an kleinen „Muskeln“ am sogenannten Ziliarkörper aufgehängt. Die Veränderung der Brechkraft ist abhängig von der Entfernung des betrachteten Gegenstands und erfolgt über die Veränderung des Spannungszustands des Ziliarkörpers. Dieser Anpassungsvorgang wird als Akkommodation bezeichnet. Die Weite der Pupille bestimmt dabei, wie viel Licht in das Auge fällt. Bei Dunkelheit erweitert sich die Pupille, bei Helligkeit verkleinert sie sich. Fallen die Lichtstrahlen nach ihrem Weg durch den Glaskörper letztlich auf die Netzhaut, wird dort ein umgekehrtes Bild des abzubildenden Gegenstands gezeigt. Die Netzhaut enthält dabei die sogenannten Zapfen (Farbsehen, Sehen am Tag) und Stäbchen (Dämmerungssehen). Dieses „umgekehrte“ Bild wird von den Netzhautrezeptoren in elektrische Impulse umgewandelt und über den Sehnerv in das Sehzentrum (Hinterhauptslappen) geleitet. Hier entsteht für uns das „richtige“ Bild.

3 Suchen Sie im Internet oder in Fachbüchern nach Experimenten zum „Blinden Fleck“ und führen Sie diese durch. Beschreiben Sie Ihre Beobachtungen.

# Fehlsichtigkeit/Augenerkrankungen

**1** Ordnen Sie die nachfolgenden Texte den richtigen Bezeichnungen der Fehlsichtigkeit zu. Ziehen Sie hierfür Verbindungslinien.

| | |
|---|---|
| Kurzsichtigkeit | Der Brennpunkt liegt hinter der Netzhaut. Der Augapfel ist zu kurz. |
| Normalsichtigkeit | Hier liegt der Brennpunkt vor der Netzhaut. Der Augapfel ist zu lang. |
| Weitsichtigkeit | Der Brennpunkt der Lichtstrahlen liegt genau auf der Netzhaut. |

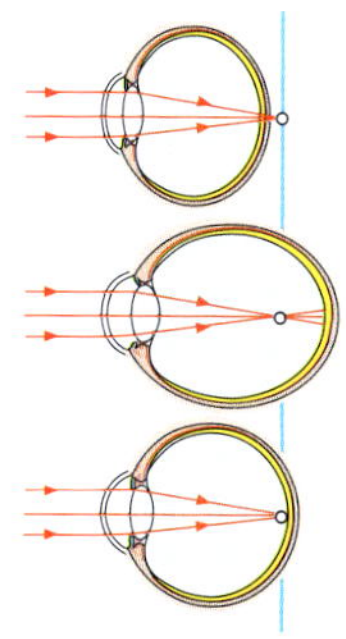

**2** Finden Sie in dem folgenden Suchworträtsel häufige Augenerkrankungen und umranden Sie diese. Ordnen Sie diese dann folgerichtig den entsprechenden Krankheitsbeschreibungen zu.

| | | | | | | | | | | | | | | | | | | | | | | | | |
|---|---|---|---|---|---|---|---|---|---|---|---|---|---|---|---|---|---|---|---|---|---|---|---|---|
| B | I | N | D | E | H | A | U | T | E | N | T | Z | U | E | N | D | U | N | G | R | G | X | Q | L |
| U | W | G | M | P | A | J | T | F | R | U | N | B | V | U | A | B | O | T | I | I | I | K | O | S |
| J | Q | S | N | J | Q | R | U | A | E | D | U | Z | A | X | I | B | X | Q | M | D | N | J | R | S |
| C | G | D | I | A | B | E | T | I | S | C | H | E | R | E | T | I | N | O | P | A | T | H | I | E |
| F | J | V | J | K | O | S | V | W | D | U | N | N | P | D | U | O | D | M | T | C | N | J | H | W |
| R | N | K | I | U | R | S | K | T | I | M | R | K | L | T | G | T | X | K | Y | P | W | Z | N | T |
| X | Z | R | U | E | C | Z | K | P | Y | O | J | O | W | E | V | T | F | P | P | Z | G | Z | X | A |
| Y | I | X | U | J | I | O | Q | H | K | Y | V | F | G | R | U | E | N | E | R | S | T | A | R | G |
| E | W | A | O | V | V | C | C | N | P | X | V | B | L | G | J | E | E | P | S | N | W | P | Y | A |
| R | R | W | O | G | R | W | E | S | B | T | R | Q | T | D | L | O | J | S | G | D | S | D | U | N |
| G | R | D | A | H | N | T | M | A | K | U | L | A | D | E | G | E | N | E | R | A | T | I | O | N |
| I | T | U | N | G | S | K | Z | H | Q | G | P | B | G | D | A | K | J | O | U | N | B | E | U | Y |
| B | J | F | H | R | M | Y | Y | C | H | B | E | H | A | G | E | L | K | O | R | N | B | O | O | S |
| X | E | S | E | G | L | J | E | G | O | T | R | O | C | K | E | N | E | S | A | U | G | E | T | X |
| I | E | G | W | D | M | M | G | O | I | Q | J | T | H | T | X | V | N | K | D | J | S | B | X | I |

| | |
|---|---|
| Gerstenkorn | eitrige Infektion der Talg-, Schweiß- oder Meibomdrüsen des Augenlides. Innerhalb weniger Tage entwickelt sich ein Abszess. |
| Diabetische Retinopathie | Folge eines Diabetes mellitus. Die Netzhaut wird durch die dauerhaft hohen Zuckerwerte geschädigt. Erblindung droht. |
| Grauer Star | Fachbegriff Katarakt. Häufigste Augenerkrankung. Altersbedingte, langsam fortschreitende Trübung der Linse. Sehvermögen verschlechtert sich. |
| Grüner Star | Fachbegriff Glaukom. Zerstörung des Sehnervs durch dauerhaft erhöhten Augeninnendruck. Ohne Therapie droht Erblindung. |
| Bindehautentzündung | Fachbegriff Konjunktivitis. Akute oder chronische Infektionen der Bindehaut. Auch die Lidränder sind häufig beteiligt. |
| Makuladegeneration | Erkrankung des Ortes des schärfsten Sehens im Auge (gelber Fleck). Es kommt zu Stoffwechselablagerungen oder abnormalen Gefäßneubildungen im Bereich des gelben Flecks. Erblindungsgefahr. |
| Hagelkorn | Schmerzloser hagelkorngroßer Knoten des Lids. Die Talgdrüsen des Augenlids sind chronisch entzündet. |
| Trockenes Auge | Auch Sicca-Syndrom genannt. Bindehaut und Hornhaut werden dauerhaft nicht genügend mit Tränenflüssigkeit versorgt. Betroffene klagen über Trockenheits- und Fremdkörpergefühl im Auge. |

## Aufbau und Funktion des Ohres

1 Ordnen Sie die folgenden Begriffe der Abbildung des Ohres zu. Malen Sie dann in Rot den Weg des Schalls durch die Strukturen des Ohres.

Amboss, Gehörknöchelchen, ovales Fenster, Gehörgang, äußeres Ohr, Mittelohr, Hammer, Innenohr, Schnecke, Steigbügel, Trommelfell, rundes Fenster, Ohrtrompete, Ohrmuschel, Hörnerv, Ohrschmalzdrüsen

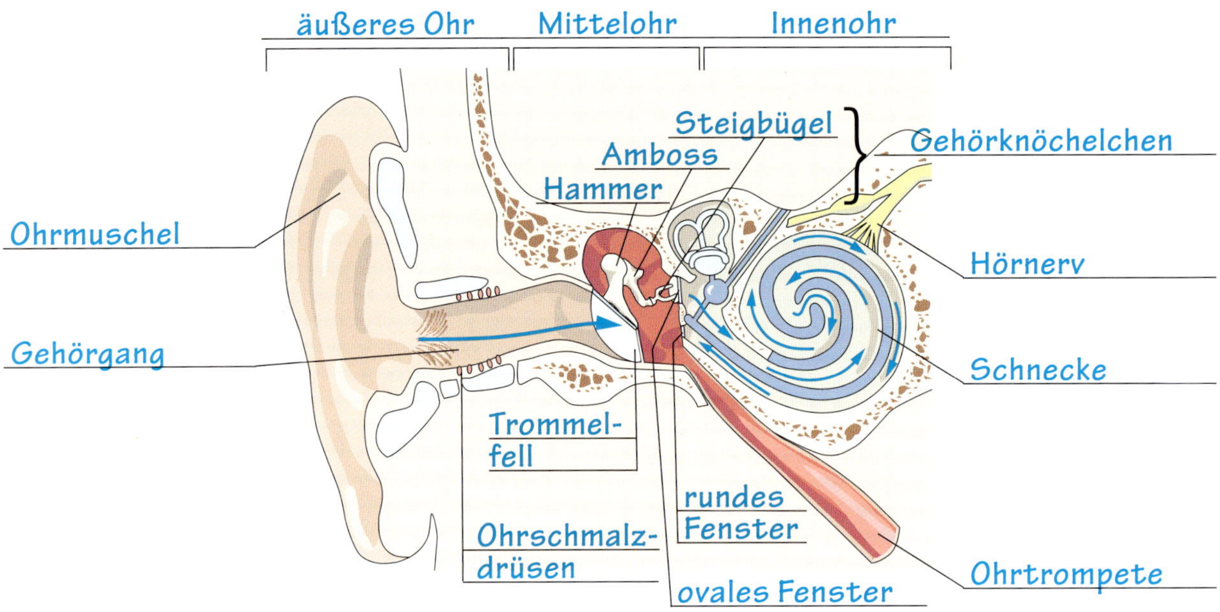


2 Ergänzen Sie in den nachfolgenden Texten die Lücken und ordnen Sie dann die Bausteine in die richtige Reihenfolge. Tragen Sie jeweils die Zahlen 1–6 in das entsprechende Kästchen ein.

Der menschliche Hörvorgang:

[5] Je nach dem Ort in der **Schnecke**, wo die Wanderwelle ihr Schwingungsmaximum hat, werden dazu bestimmte Hörsinneszellen erregt, die dann die Information über den VIII Hirnnerv an das Gehirn (Hörzentrum in der Gehirnrinde) weiterleiten.

[4] Diese auf- und absteigenden Wanderwellen in der Schnecke bringt die **Basilarmembran** in der häutigen Schnecke zum Schwingen.

[1] Die von der Ohrmuschel aufgenommenen Schallwellen nehmen den Weg durch den **Gehörgang** und gelangen zum Trommelfell.

[3] Der **Steigbügel** gibt die Schwingungen auf das ovale Fenster an das Innenohr weiter. Hier werden die Schwingungen auf die Flüssigkeiten in der Schnecke übertragen und so eine Wanderwelle erzeugt.

[2] Hier werden die Wellen um ca. **20 %** verstärkt und über die drei Gehörknöchelchen (Hammer, **Amboss**, Steigbügel) weitergeleitet.

[6] Dort entsteht der Höreindruck. Die Erregung dieser Zellen geschieht durch Scherbewegungen der Sinneszellen gegen die Deckmembran auf der Basilarmembran. Der Druckausgleich der absteigenden Wanderwellen erfolgt über die häutige Membran des **runden** Fensters.

# Lärmschäden

1 Zeichnen Sie in die Dezibelskala die nachfolgenden Geräusche/Lärmformen ein. Kennzeichnen Sie dabei in verschiedenen Farben die Grenzen, ab denen eine Unterhaltung schwierig wird, sich das Risiko für Herz-Kreislauf-Erkrankungen erhöht und Hörschäden drohen.

Rauschen von Blättern, Hauptverkehrsstraße, Konzertlärm, normale Gesprächslautstärke, Presslufthammer, Flugzeug am Start, Atmen

Rauschen von Blättern (20 dB), Hauptverkehrsstraße (70 dB) Konzertlärm (110 dB), normale Gesprächslautstärke (40–60 dB), Presslufthammer (110 dB), Flugzeug am Start (120 dB), Atmen (10 dB)

Störung der Kommunikation ab 50 dB, Risiko für Herz-Kreislauf-Probleme ab 65 dB möglich, Hörschäden ab 85 dB

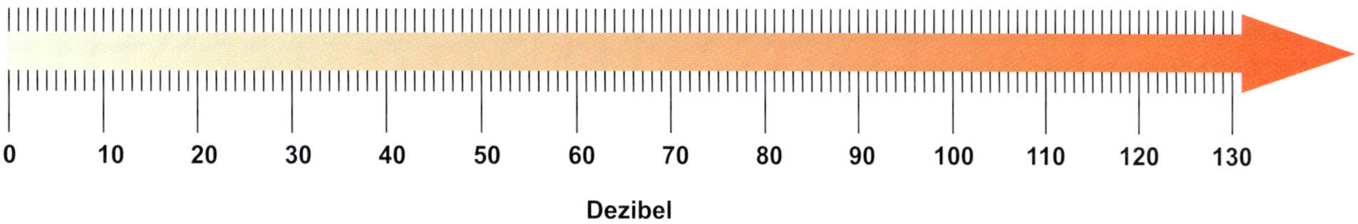


2 Sein Gehör zu schützen ist wichtig! Bitte kreuzen Sie bei den folgenden Maßnahmen gegen Lärmschäden die richtigen Vorschläge an.

- [ ] Sehr hohe Lärmbelastungen können kurzzeitig zugelassen werden. Es kommt dabei zu keiner Schädigung des Innenohrs.
- [x] So oft wie möglich Ohrstöpsel als Gehörschutz verwenden.
- [ ] Die Ohren sollten über einen längeren Zeitraum an Lärm gewöhnt werden, dann hält man jeden Krach aus.
- [x] Nicht ständig Kopfhörer tragen und den Lautstärkeregler voll aufdrehen.
- [ ] Die Gehörgänge immer tief mit Wattestäbchen reinigen.
- [x] Ein Leben lang auf seine Ohren aufpassen.
- [x] Orte meiden, an denen es sehr laut werden kann.
- [ ] Lärmschäden geben sich wieder. Es gibt gute Medikamente!
- [x] Lärmschutzmaßnahmen ergreifen (Abstand halten, Ohrschutz verwenden usw.).

3 Warum kann der Mensch immer noch etwas hören, wenn seine Gehörgänge komplett z. B. mit Wachs verschlossen sind und keine Schallwellen mehr durch den Gehörgang gelangen?

Neben der Leitung der Schallwellen durch den Gehörgang gibt es noch die Knochenleitung des Schalls. Hier gelangen die Wellen durch die Schädelknochen zum Innenohr und sorgen für eine Hörempfindung.

# Gleichgewichtsorgan

**1** Lösen Sie zur Wissensüberprüfung das nachfolgende Kreuzworträtsel.

**Waagerecht**

1. Die Kalksteinchen, mit der die gallertartige Masse überzogen sind, bestehen aus Calciumcarbonat.
2. Drei räumlich angeordnete Bogengänge bilden das Gleichgewichtsorgan.
3. Die Härchen der Sinneszellen in den Ampullen der Bogengänge ragen in eine gallertartige, kuppelförmige Masse, die sogenannten Cupula.
4. Alle Informationen aus dem Gleichgewichtsorgan werden über den Gleichgewichtsnerv in das Gehirn geleitet.
5. In den Bogengangserweiterungen befinden sich Sinneszellen, die auf Drehbewegungen reagieren.
6. Name der Flüssigkeit, mit der die drei Bogengänge gefüllt sind: Endolymphe.
7. Die Sinneszellen der Vorhofsäckchen reagieren ihrer Lage entsprechend auf Beschleunigung und Schwerkraft.
8. Sichtbar werden Gleichgewichtsprobleme z. B. durch Gangunsicherheiten.

**Senkrecht**

a. Auf den Sinneszellen sitzen feine Härchen, die in eine gallertartige Masse hineinragen.
b. Das Gleichgewichtsorgan befindet sich in der Nähe der Schnecke.
c. Eine Erkrankung des Gleichgewichtsorgans ist die Menière-Erkrankung.
d. Finden Sie ein anderes Wort für das Gleichgewichtsorgan: Vestibulärorgan.
e. Ein anderes Wort für Bogengangserweiterungen: Ampullen
f. In den beiden Vorhofsäckchen findet sich ein Feld mit Sinneszellen (Makula).

# Hautquiz

**1** Finden Sie die richtigen Antworten und kreuzen Sie diese an.

a) Die Haut des Menschen wiegt ca.:

☐ 350–500 g ☐ 25–30 kg ☒ 3,5–10 kg ☐ 1–1,5 kg

b) Die Haut des Menschen hat dabei eine Oberfläche von ca.:

☒ 2 m² ☐ 15 m² ☐ 3 mm² ☐ 50 mm²

c) Ein anderer Name für die Lederhaut ist:

☒ Dermis ☐ Epidermis ☐ Subcutis ☐ Cutis

d) In der Haut befinden sich zahlreiche Rezeptoren. Welcher davon ist einer:

☒ Merkelsche Tastscheibe ☐ Schlossburger Rezeptor ☐ Schmidtkörper

e) Die Vater-Pacini-Körperchen reagieren auf:

☐ Lichtreize ☒ Vibrationsreize ☐ Schallwellen ☐ chemische Botenstoffe

f) Wenn man eine Spritze in die Unterhaut gibt, so bezeichnet man diese Injektionsart als:

☐ i. m. ☒ s. c. ☐ i. d. ☐ i. v.

g) Zu den Hautanhangsorganen zählt man:

☒ die Haare ☒ die Nägel ☒ Hautdrüsen ☐ Warzen ☐ Schuppen

h) Die Haut wird unterschieden in:

☒ Leistenhaut ☐ Schwielenhaut ☐ Kopfhaut ☒ Felderhaut

i) Hauteffloreszenzen sind:

☐ leuchtende Hautstellen ☒ Einzelelemente einer Hauterkrankung
☐ Hautveränderungen, die nur im Alter stattfinden ☐ blühende, gesunde Haut

**2** Betrachten Sie die nachfolgende Abbildung und benennen Sie anhand der Zeichnung erkennbare wichtige Aufgaben der Haut.

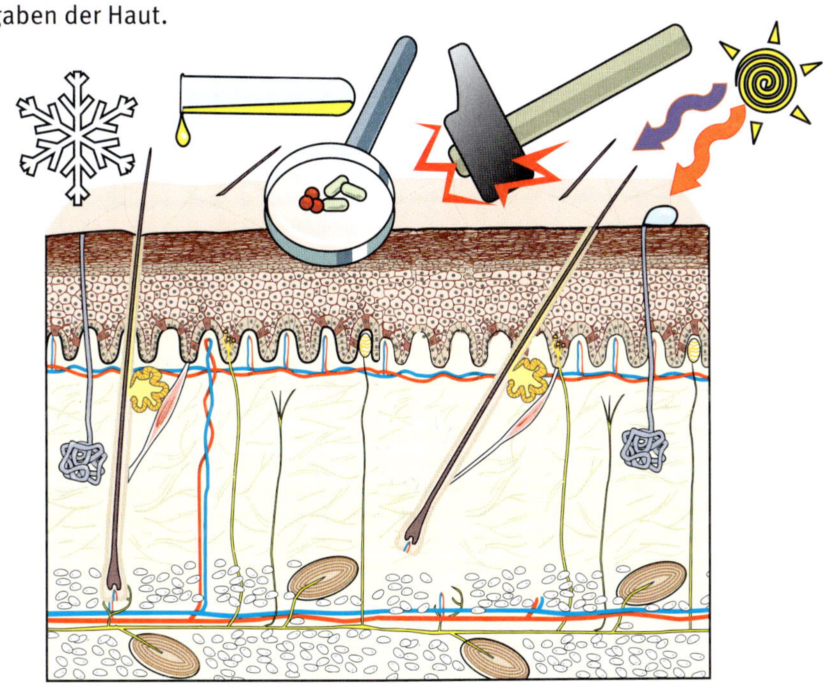

Schutz vor UV-Strahlen, Kälte, Wärme, mechanischen Verletzungen, Druck, Stößen, chemischen Einwirkungen, Mikroorganismen, Verletzungen. Empfindungen von Schmerz, Druck, Wärme und Kälte usw.

# 13 Haltung und Bewegung

## Anatomie des Skeletts und der Muskulatur

**1** Beschriften Sie die nachfolgende Abbildung eines Skeletts.

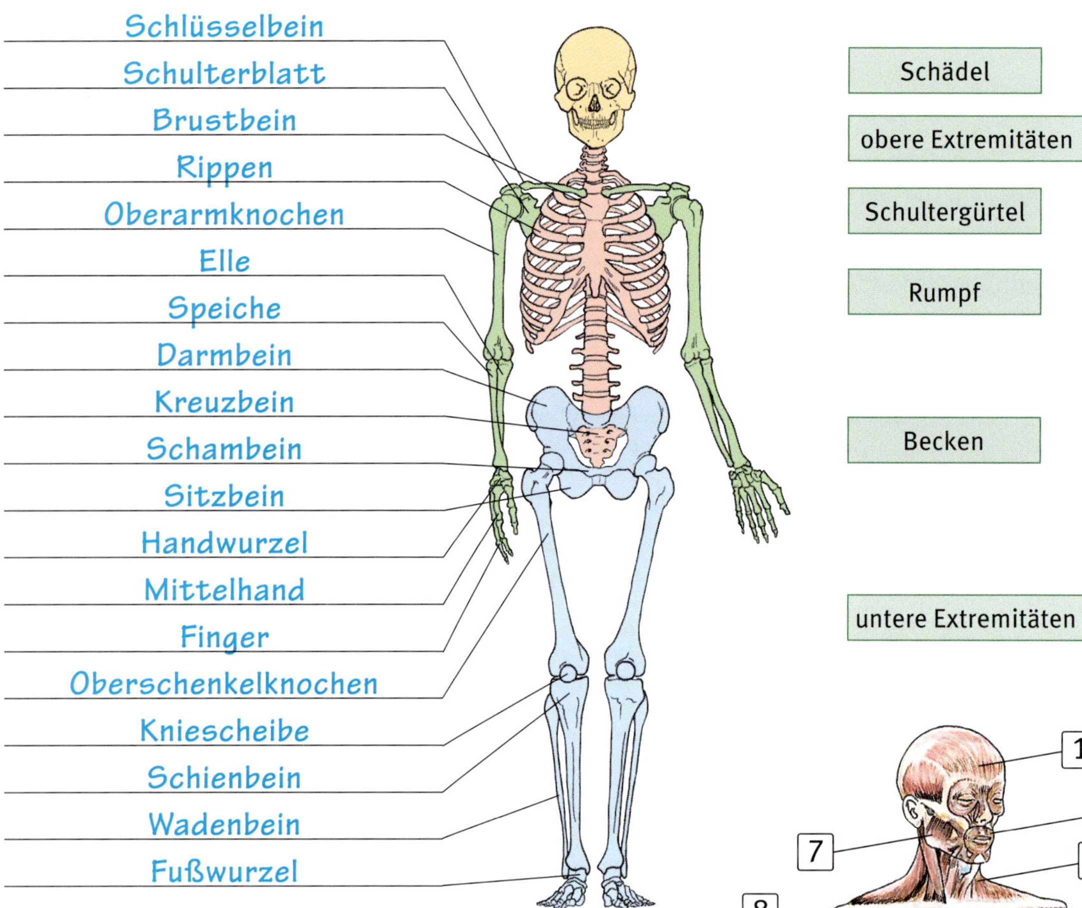


**2** Ordnen Sie die nachfolgenden Begriffe der Skelettmuskulatur des Menschen zu.

- 13 Oberschenkelmuskel (Quadrizeps)
- 14 Schienbeinmuskel
- 3 Kapuzenmuskel
- 2 Lippenmuskel
- 7 Kaumuskulatur
- 8 Deltamuskel
- 10 Armbeuger (Bizeps)
- 11 gerade Bauchmuskulatur
- 1 Stirnmuskel
- 12 schräge Bauchmuskulatur
- 4 großer Brustmuskel
- 5 Handbeuger
- 6 Wadenmuskel
- 9 Armstrecker (Trizeps)

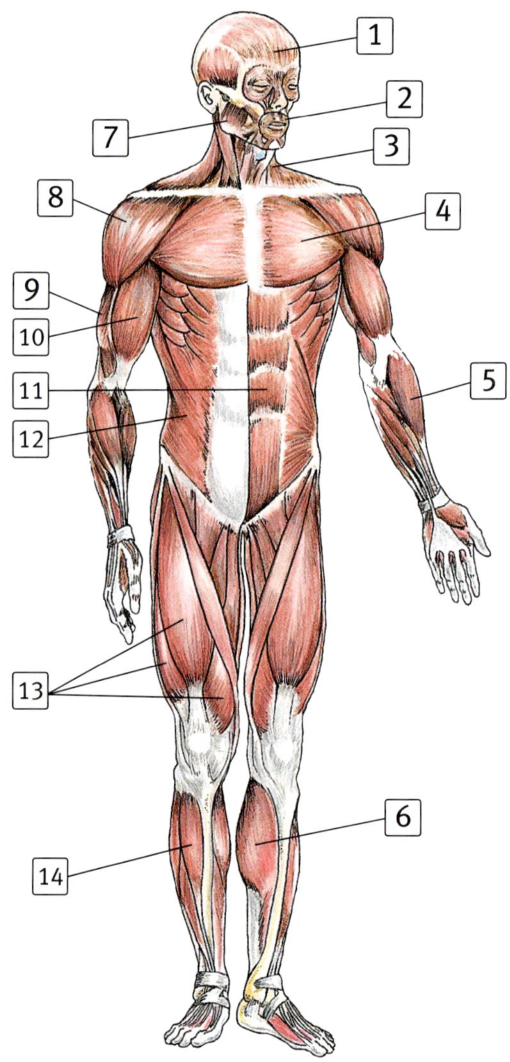

# Aufbau der Wirbelsäule

**1** In dem Arbeitsblatt von Johanna haben sich Fehler eingeschlichen! Die Abbildung der Wirbelsäule ist falsch beschriftet worden und auch die Zahl der Wirbel stimmt nicht immer. Korrigieren Sie und schreiben Sie in das Korrigierfeld die richtige Bezeichnung und Zahl der Wirbel!

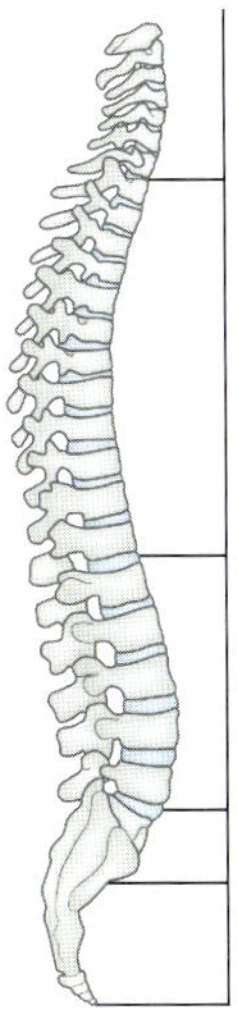


| Abschnitt der Wirbelsäule | Zahl der Wirbel | Abschnitt der Wirbelsäule | Zahl der Wirbel |
|---|---|---|---|
| Steißbein | 7 | Halswirbelsäule | 7 |
| Brustwirbelsäule | 8 | Brustwirbelsäule | 12 |
| Kreuzbein | 5, verwachsen | Lendenwirbelsäule | 5 |
| Lendenwirbelsäule | 5 | Kreuzbein | 5, verwachsen |
| Halswirbelsäule | 2 | Steißbein | 4–5, verwachsen |

**2** In der medizinischen Fachsprache haben die Abschnitte der Wirbelsäule Fachbezeichnungen. Überlegen Sie, welche Fachbezeichnung zu den schon in Aufgabe 1 genannten Abschnitten der Wirbelsäule gehören könnten. Ziehen Sie Verbindungslinien.

Kurzinfo: Vertebrae bedeutet Wirbel, der zweite Name bezeichnet den Abschnitt der Wirbelsäule.

| | |
|---|---|
| Vertebrae **c**ervicales (C 1–C 7) | Brustwirbelsäule (BWS) |
| Vertebrae **l**umbales (L 1–L 5) | Halswirbelsäule (HWS) |
| Vertebrae **th**oracicae (Th 1–Th12) | Lendenwirbelsäule (LWS) |

**3** Bandscheibenvorfälle finden meistens zwischen L 4 und L 5 statt. Erläutern und begründen Sie dieses.

L 4 und L 5 bezeichnen Wirbelkörper in der Lendenwirbelsäule. Auf diesen lastet anatomisch bedingt der größte Teil des Körpergewichts. Daher kommt es hier am häufigsten zu Bandscheibenvorfällen.

**4** Die Wirbelsäule muss bei der täglichen Arbeit geschützt werden. Kreuzen Sie an, welche Maßnahmen dem Schutz der Wirbelsäule dienen.

- [ ] Die Wirbelsäule kann Belastungen gut ertragen, wenn sie nur kurz und ruckartig durchgeführt werden.
- [x] Teilnahme an Rückenschule und kinästhetischen Kursen.
- [ ] Übergewicht schützt die Wirbelsäule vor Überlastungen.
- [x] Für die Wirbelsäule belastende Pflegesituationen, wie das Lagern eines schwerstübergewichtigen Menschen, nie alleine durchführen. Hilfe holen!
- [x] In der Pflege Hilfsmittel wie Lifter, Gleitbrett nutzen.
- [x] Für Ausgleichsport sorgen.
- [ ] Den Rücken bei allen Tätigkeiten immer krümmen.
- [x] Pflegebetten auch bei Zeitnot immer auf die richtige Höhe einstellen.
- [x] Bei Schmerzen und Beschwerden im Wirbelsäulenbereich einen Arzt aufsuchen.

# Stürze und Sturzprophylaxe

**1** Bei den Ursachen für einen Sturz unterscheidet man exogene (von außen einwirkende) und endogene (von innen ausgehende) Ursachen. Finden Sie für beide Beispiele und ordnen Sie diese in die Abbildung ein.

**Exogene Sturzursachen**

Fehlende Haltegriffe oder Handläufe

unzureichende Beleuchtung

fehlerhafte Hilfsmittel

instabiles Mobiliar

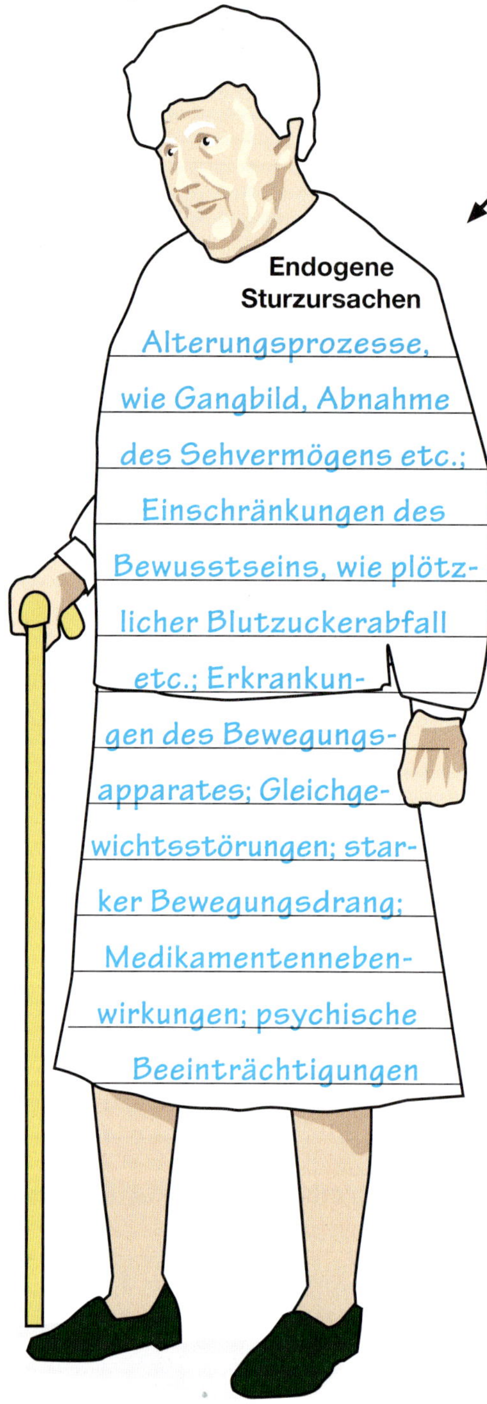


„Stolperfallen“, wie lose Teppiche oder freiliegende Kabel etc.

glatte Böden

weite und lange Kleidung

unzureichendes Schuhwerk

**2** Entwickeln Sie anhand der in Aufgabe 1 entwickelten Beispiele Maßnahmen für die Sturzprophylaxe.

Endogene Ursachen bekämpfen, z. B. Krankheiten durch einen Arzt behandeln bzw. einstellen lassen. Umfeld so gestalten, dass die Sturzgefahr minimiert wird (exogene Ursachen abstellen), Sturzrisiko ermitteln und individuelle Lösungen anbieten.

# Entstehung einer Kontraktur

1 Ordnen Sie die folgenden Textbausteine sinnvoll in das Flussdiagramm ein.

Die Verkürzungen machen Bewegungen des Gelenks schwer bis unmöglich/starke Schmerzen. – Gelenke, betroffene Sehnen und Bänder bewegen sich nicht oder nur unzureichend. – Eine Kontraktur ist entstanden. – Das Gelenk bleibt nur in einer Lage fixiert. – Der fehlende Bewegungsreiz führt zu Abbauprozessen bei Sehnen, Bändern und Muskeln. Diese verkürzen sich. – Schon- und Zwangshaltungen – unsachgemäße Lagerungen – vorgeschädigte Gelenke, z. B. durch schlecht verheilte Brüche – Narben in Gelenknähe – Fixierung von Gelenken – Immobilität, z. B. durch einen Schlaganfall, Lähmungen, Rollstuhlfahren, Gips usw.

Ursachen:

Beispiele:

- Schon- und Zwangshaltungen
- Unsachgemäße Lagerungen
- Narben in Gelenknähe
- Vorgeschädigte Gelenke, z. B. durch schlecht verheilte Brüche
- Fixierung von Gelenken
- Immobilität, z. B. durch einen Schlaganfall, Lähmungen, Rollstuhlfahren, Gips usw.

▼

Gelenke, betroffene Sehnen und Bänder bewegen sich nicht oder nur unzureichend.

▼

Der fehlende Bewegungsreiz führt zu Abbauprozessen bei Sehnen, Bändern und Muskeln. Diese verkürzen sich.

▼

Das Gelenk bleibt nur in einer Lage fixiert.

▼

Die Verkürzungen machen Bewegungen des Gelenks schwer bis unmöglich/starke Schmerzen.

▼

Eine Kontraktur ist entstanden.

2 Überlegen Sie, an welcher Stelle der obigen Abbildung die Maßnahmen der Kontrakturenprophylaxe ansetzen müssten.

Alle Maßnahmen der Kontrakturenprophylaxen müssten schon bei den Ursachen ansetzen. Das Risiko für eine Kontrakturentwicklung sollte frühzeitig eingeschätzt werden. Entwickelt sich eine Kontraktur, sind die Maßnahmen immer noch sinnvoll, aber nicht mehr so effektiv, wie in der Vorbeugung.

# Haltungsschäden sind vermeidbar

1 Informieren Sie sich in Fachliteratur und Broschüren über die Haltungsschäden in der Abbildung. Ergänzen Sie die zugehörigen Ursachen.

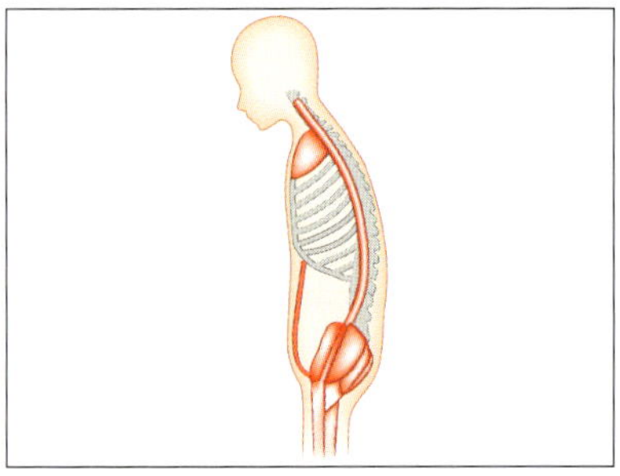
Rundrücken

falsche Sitz- und Arbeitshaltung

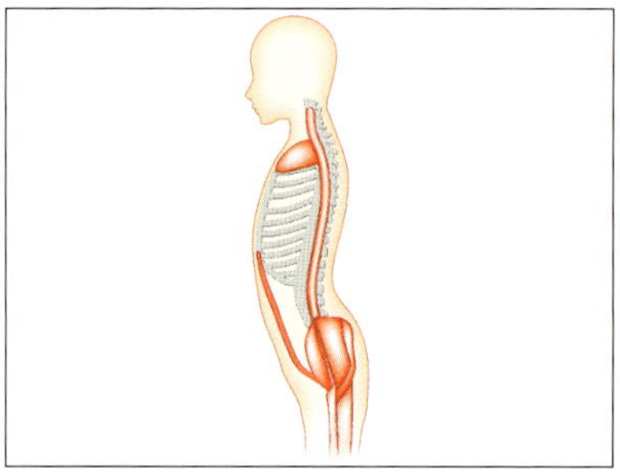
Hohlrücken

schwere Rückenlast, schwache Muskulatur

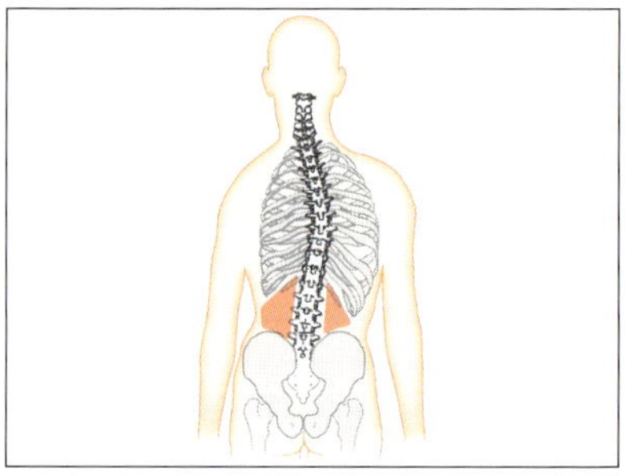
Skoliose

einseitiges Tragen, schwache Muskeln

2 Geben Sie Tipps für den Alltag, wie sich Haltungsschäden vermeiden lassen.

- Rückenschonende Arbeits- und Sitzhaltung
- Gymnastik zur Stärkung der Rückenmuskulatur
- Bewegung in der Freizeit, z. B. schwimmen, laufen
- Richtiges Heben und Bücken

falsch richtig

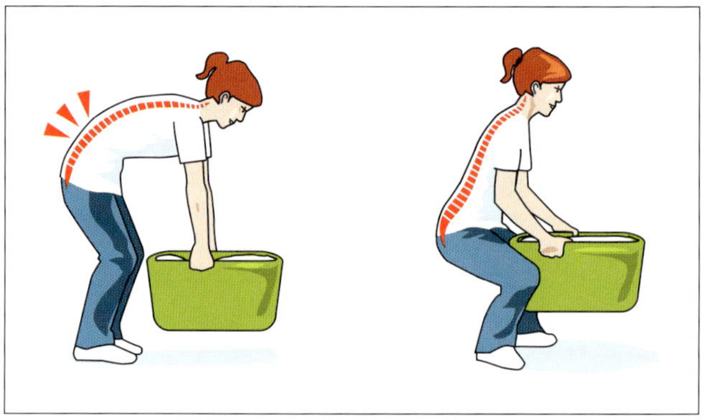

3 Nehmen Sie nacheinander an Ihren Arbeitstischen die in der Abbildung dargestellte Arbeitshaltung ein. Beobachten und kontrollieren Sie gegenseitig Ihre Körperhaltung.

4 Notieren Sie neben der Abbildung Regeln für die richtige Arbeitshaltung im Sitzen.

| | |
|---|---|
| Die Schultern | locker und entspannt |
| Der Rücken | gerade |
| Ober- und Unterarm | bilden rechten Winkel |
| Ober- und Unterschenkel | bilden rechten Winkel |
| Die Füße | stehen flach auf dem Boden |

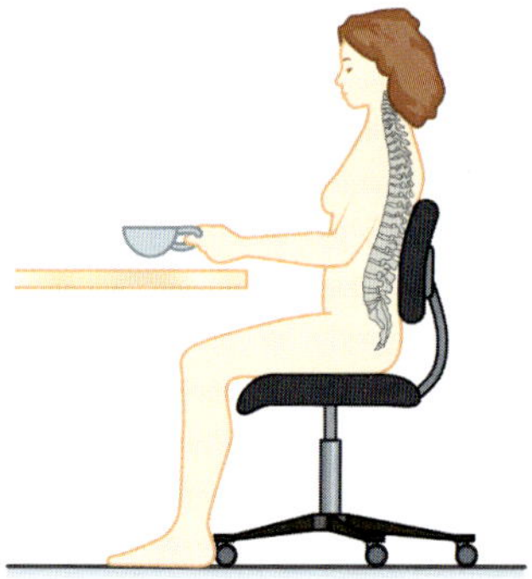

Höhe Ihres Arbeitstisches = ______ cm

Höhe Ihres Stuhls = ______ cm

# Zeigt her eure Füße – Fußgesundheit

**1** Informieren Sie sich in der Literatur und beschriften Sie die Knochen des Fußskeletts in der Abbildung mit folgenden Begriffen:

Zehenknochen – Mittelfußknochen – Keilbein – Kahnbein – Sprungbein – Fersenbein – Wadenbein – Schienbein

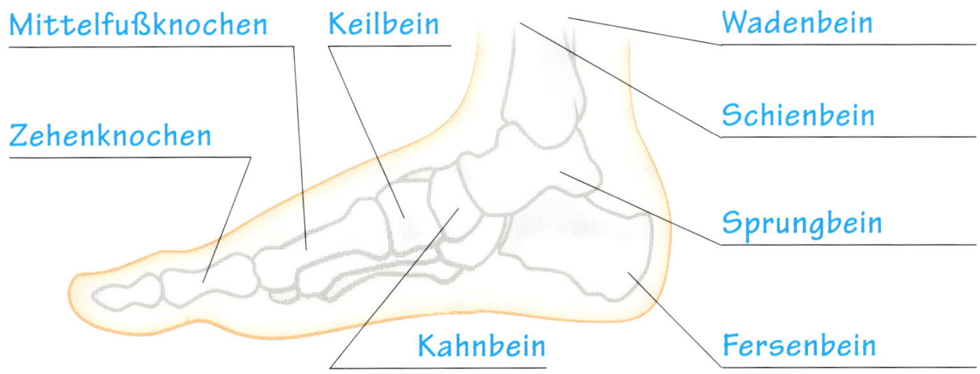


**2** Drücken Sie Ihren nackten Fuß auf eine mit nasser Farbe bestrichene Tapetenrolle. Setzen Sie ihn anschließend auf ein Stück Kartonpapier, so erhalten Sie Ihren eigenen Fußabdruck.

a) Vergleichen Sie Ihren Fußabdruck mit dem Fußabdruck des normalen Fußes in der Abbildung. Beschreiben Sie mögliche Abweichungen.

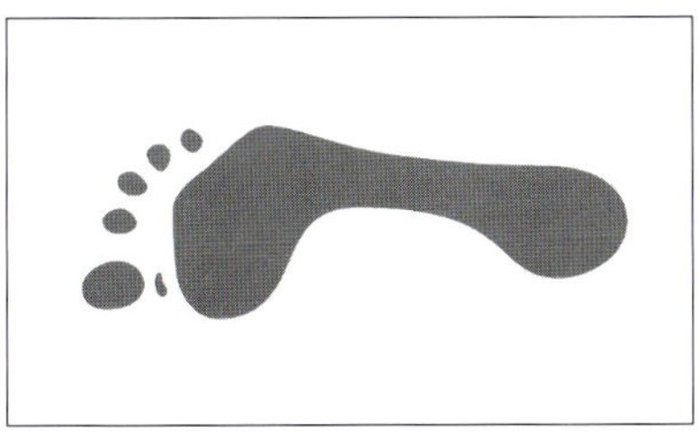

Fußabdruck und Hauptbelastungspunkte des normalen Fußes

b) Vergleichen Sie Ihren Fußabdruck mit dem Ihrer Mitschüler und arbeiten Sie Unterschiede heraus.

**3** Welche Fußschäden zeigen die Abbildungen?

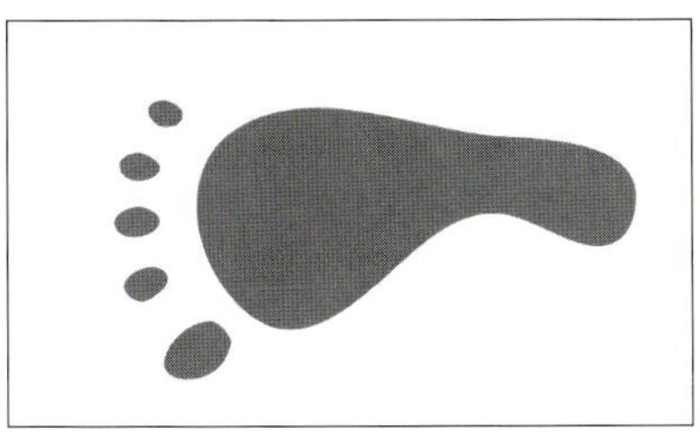

Plattfuß

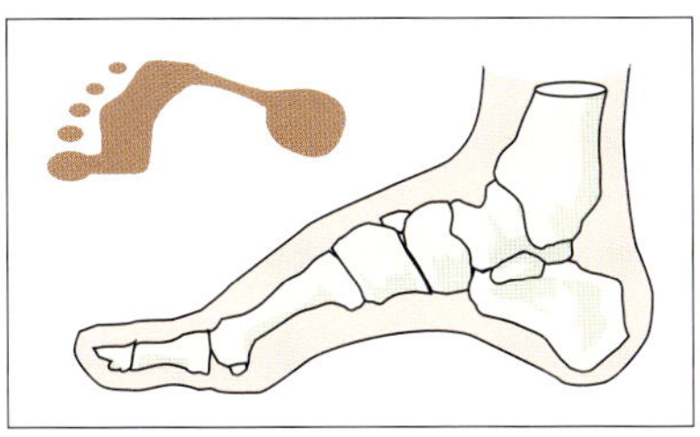

Hohlfuß

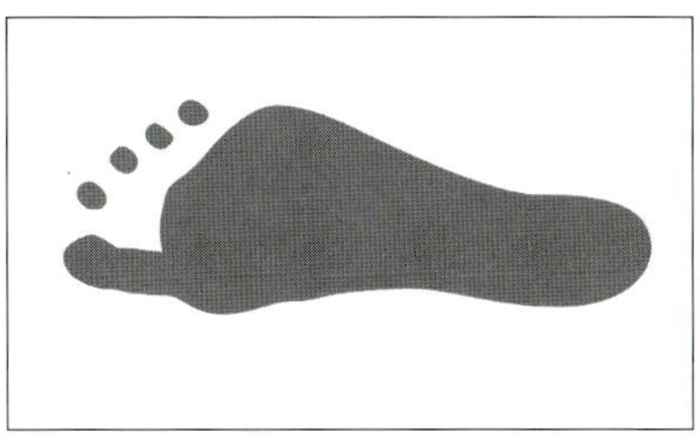

Spreizfuß

**4** Welche Faktoren begünstigen die Entstehung von Fußschäden? Kreuzen Sie an.

- [x] angeborene Bänder-, Muskel- und Sehnenschwäche
- [ ] häufiges Laufen auf ungepflasterten Wald- und Feldwegen
- [x] zu hohes Körpergewicht
- [x] spitze, enge Schuhe oder Schuhe mit zu hohen Absätzen
- [x] Überbeanspruchung der Füße durch langes Stehen oder Tragen schwerer Lasten

# 14 Suchterkrankungen
## Suchtentwicklung

1 Finden Sie eine Definition für den Suchtbegriff.

Sucht ist ein zwanghaftes Verhalten nach einem bestimmten Suchtmittel, das zu seelischer und/oder körperlicher Abhängigkeit führt.

2 Ordnen Sie die folgenden Begriffe sinnvoll in die nachfolgende Spirale ein und erklären Sie mit eigenen Worten die Entstehung einer solchen Suchtspirale.

Ausprobieren – Rauscherleben – Neugierde – erneuter Drogenkonsum – erstmaliger Konsum der Droge – Probleme erscheinen wieder – evtl. Tod – Rausch klingt ab – Glücks- und Wohlgefühle – körperlicher/ seelischer Verfall – Abhängigkeit verschärft sich – Probleme – Probleme verschwinden – Drogenwunsch/ körperliche und/oder seelische Entzugssymptome – Ausstieg

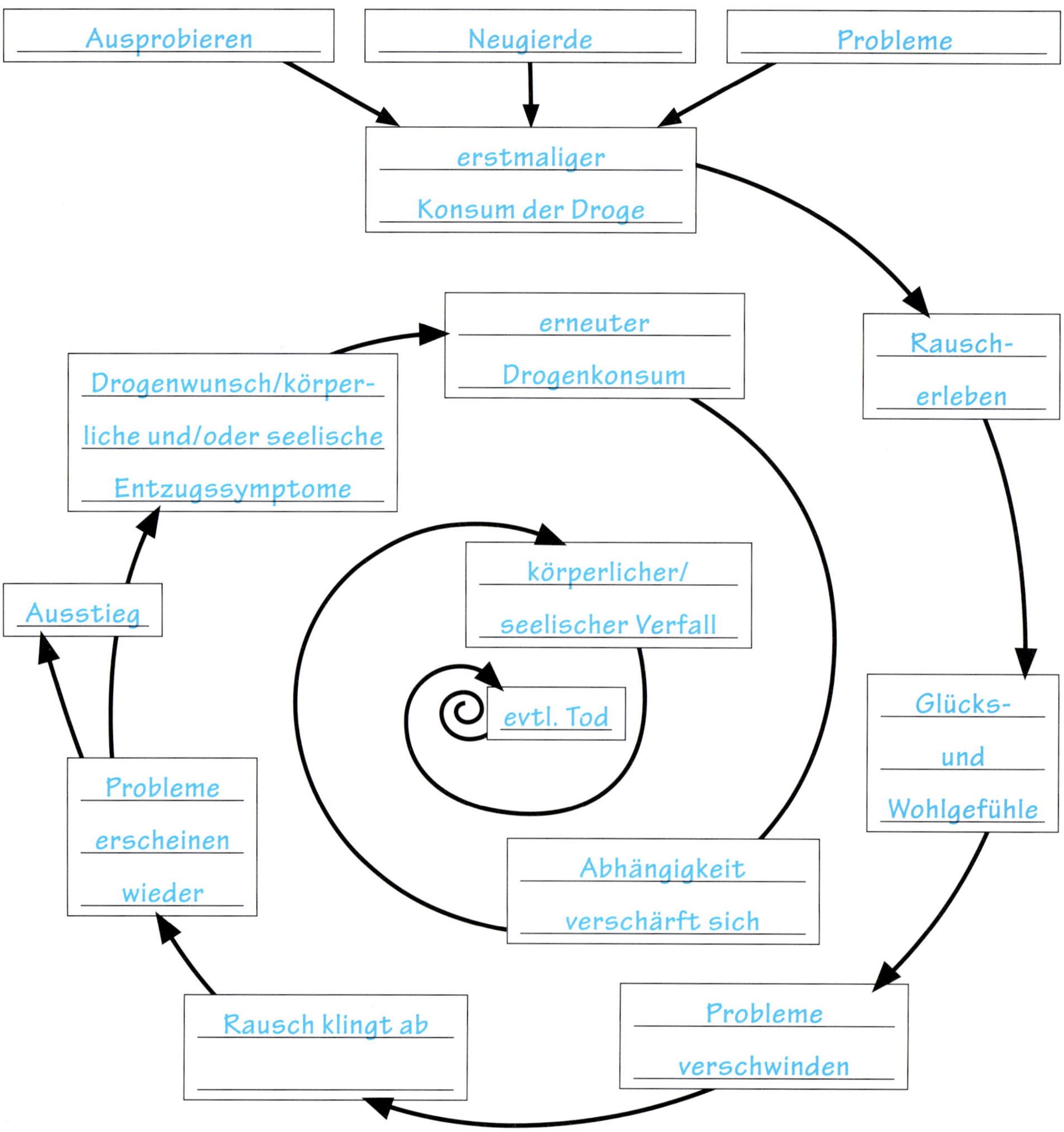

# Droge Alkohol

1 Nennen Sie bei den verschiedenen Organen mögliche Schäden, die durch einen regelmäßigen Alkoholkonsum auftreten.

Leber

Fettleber, Leberentzündung (Alkoholhepatitis), Leberzirrhose (Gewebe stirbt immer mehr ab und wird durch narbiges Binde- und Fettgewebe ersetzt

Bauchspeicheldrüse

Pankreatitis, Diabetes mellitus

Dünndarm

Entzündung des Dünndarms, Bildung von Krampfadern

Nerven

Nervenentzündungen, Nerven sterben ab

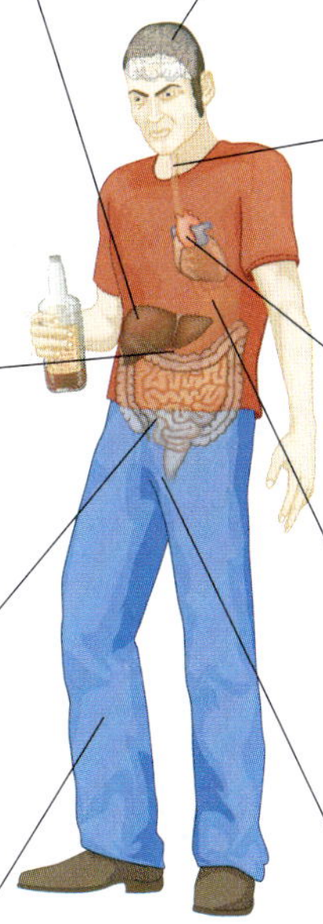

Gehirn

Verlust von Gedächtnis-, Orientierungs- und Auffassungsfähigkeit. Hirnzellen sterben ab, bleibende Schäden

Speiseröhre (Ösophagus)

Varizen (Krampfadern) Entzündung

Herz

Herzmuskelerkrankung, Verfettung, Herzinsuffizienz

Magen

Magenschleimhautentzündung, Geschwüre

Hoden

Hodenverkleinerung, Zeugungsunfähigkeit

2 Informieren Sie sich über die mögliche Entstehung einer alkoholbedingten Leberzirrhose.

3 Lesen Sie sich die nachfolgende Übersicht über Alkoholikertypen nach E. Jellinek durch. Diskutieren Sie diese Einteilung kritisch. Versuchen Sie z. B. bei Suchtberatungsstellen oder Krankenkassen, weiterführende Informationen zu bekommen.

**Übersicht über Alkoholikertypen**

| Art | Versuch einer Typisierung | Abhängigkeit | Suchtkennzeichen | Häufigkeit ca. |
|---|---|---|---|---|
| Alpha | Konflikttrinker | nur psychisch | kein Kontrollverlust, aber undiszipliniertes Trinken | 5 % |
| Beta | Gelegenheitstrinker | keine, außer soziokulturelle | kein Kontrollverlust | 5 % |
| Gamma | süchtiger Trinker | zuerst psychische Abhängigkeit, später physische Abhängigkeit | Kontrollverlust, jedoch Fähigkeit zur Abstinenz | 65 % |
| Delta | Gewohnheitstrinker | physische Abhängigkeit | Unfähigkeit zur Abstinenz, aber kein Kontrollverlust | 20 % |
| Epsilon | episodischer Trinker | psychische Abhängigkeit | Kontrollverlust, jedoch Fähigkeit zur Abstinenz | 5 % |

# Auswirkungen des Rauchens

**1** Beschreiben Sie anhand der Grafiken die Auswirkungen des Rauchens einer Zigarette auf die Hauttemperatur, den Puls und den systolischen Blutdruck.

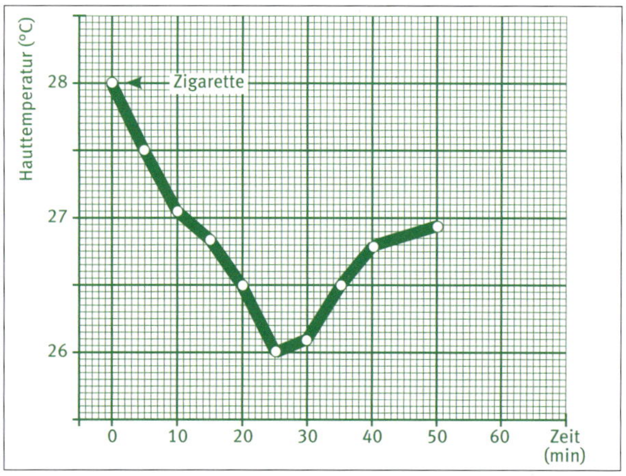


1. ▶ Die Hauttemperatur sinkt innerhalb von 20 min von 28 °C auf 26 °C. Danach beginnt die Temperatur wieder zu steigen.

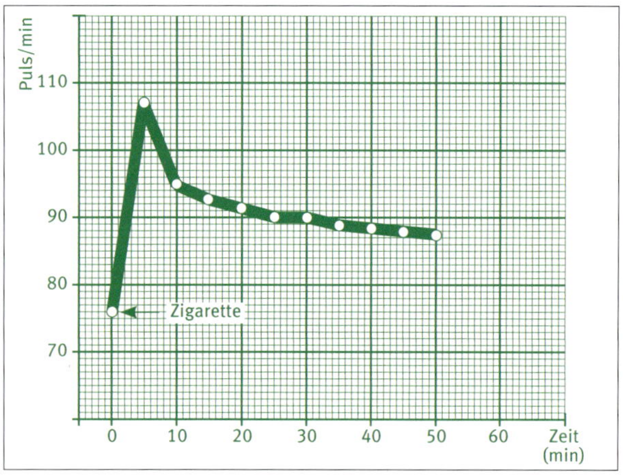


2. ▶ Der Puls steigt innerhalb von 5 min auf 110 an. Nach 10 min fällt dann die Pulsfrequenz langsam ab.

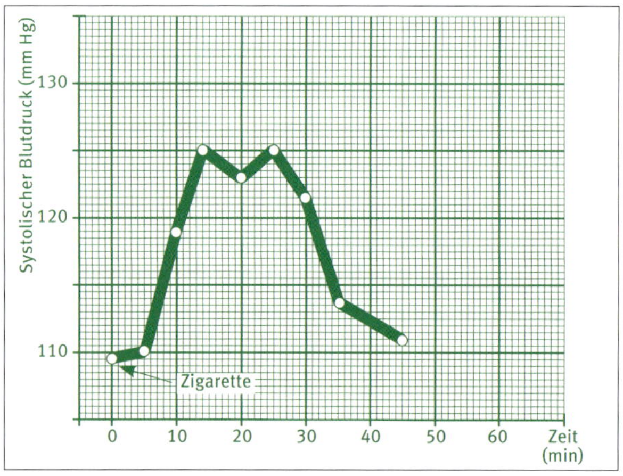


3. ▶ Der systolische Blutdruck erhöht sich auf bis zu 130 mmHg. Danach sinkt der Blutdruck wieder ab.

**2** Diskutieren Sie anhand der Grafiken über mögliche körperliche Folgen, die durch häufiges Rauchen entstehen können.

Durchblutungsstörungen, Herz-Kreislauf-Erkrankungen, Bluthochdruck, Gefäßverengung

**3** Finden Sie Argumente, die für und gegen das Rauchen sprechen. Dokumentieren Sie Ihre Ergebnisse.

**4** Führen Sie ein Rollenspiel durch. Versuchen Sie, sich gegenseitig von Ihrer Position zu überzeugen.

# Medikamente – die stille Sucht

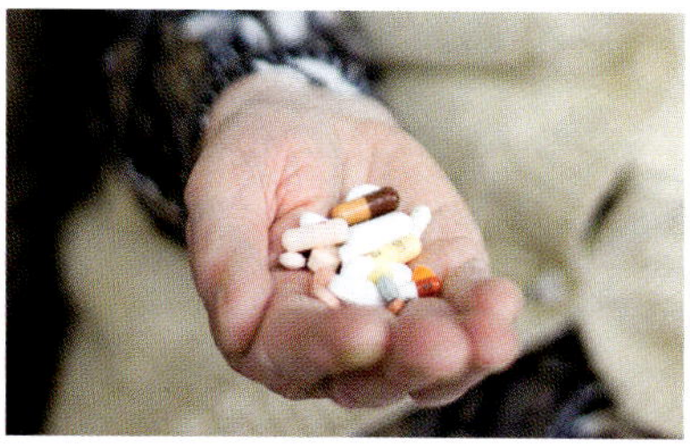

**1** Quiz! Lösen Sie die folgenden Fragen zum Thema Medikamentensucht.

a) Medikamentensucht wird als stille Sucht bezeichnet, weil

☐ das Schlucken leise ist.
☒ das Suchtverhalten den Mitmenschen meist nicht auffällt.
☐ Medikamente keine harten, sondern leise Drogen sind.

b) Von welchen Substanzen kann man eine körperliche Abhängigkeit entwickeln?

☒ Barbiturate ☒ Appetitzügler ☐ Handys ☐ Antibiotika

c) In der Bundesrepublik Deutschland sind ca.

☐ 65–70 Millionen Menschen ☒ 1,4–1,8 Millionen Menschen ☐ 100 000–150 000 Menschen
☐ 900–1 200 Menschen von Medikamenten abhängig.

d) Bei der Medikamentensucht sind:

☒ mehr Frauen als Männer ☐ mehr Männer als Frauen ☐ mehr Jugendliche als Erwachsene
☐ mehr Kinder als Erwachsene abhängig.

e) Die Medikamentensucht führt durch die langfristige Überdosierung und den Langzeitkonsum von Medikamenten zu folgenden Problemen:

☒ in Kombination mit Alkohol häufig zu tödlichen Vergiftungen ☒ Leber- und Nierenschäden
☒ Persönlichkeitsstörungen, Depressionen und Wahnvorstellungen ☐ Größenwachstum

f) Eine Medikamentensucht ...

☒ kann sich leicht entwickeln, da der Zugang zu Medikamenten einfach ist.
☐ ist schwierig zu bekommen, da nur verschreibungspflichtige Medikamente eine Sucht erzeugen können.
☐ entwickelt sich erst nach sehr langer Einnahme des Medikamentes.
☐ kann sich aus ärztlich verordneten Medikamenten nicht entwickeln.

**2** Finden Sie aus dem folgenden Wortwurm Medikamente heraus, von denen man abhängig werden kann.

Manabolikasltoprüeökloabmtnasensprayfotzuwqnlkischlafmittelklorpdkposgateraufputschmittelälle-ölkmastermatiorabführmittellacverpüterduterschmerzmittelasterbutterhaftiuiuguberuhigungstabletten-rauchöätzundüaberappetitzügleruioahterölöoosterglocken

Nasenspray, Schlafmittel, Aufputschmittel, Anabolika, Abführmittel,
Schmerzmittel, Beruhigungsmittel, Appetitzügler

**3** Wie kann man sich vor einer Medikamentensucht schützen?

Medikamente nur in Absprache mit dem Arzt einnehmen.
Bei Bagatellerkrankungen auf Hausmittel zurückgreifen.
Bei häufigem Konsum Rücksprache mit dem Arzt halten.
Allgemein möglichst wenig Medikamente nehmen.

# Wege aus der Sucht

1 Lösen Sie das folgende Kreuzworträtsel und finden Sie das Lösungswort.

**Waagerecht**

1. Die Aussicht auf Erfolg ist am größten, wenn der Süchtige aus eigener Überzeugung zur Therapie geht.
2. Die Suchttherapie gliedert sich in die Phasen Entgiftung, Entwöhnung und
3. Nachsorge.
4. Der erste Schritt aus der Sucht heraus ist die Selbsterkenntnis, dass man ein Suchtproblem hat.
5. Das Verlangen nach einem Suchtmittel, von dem man abhängig war, besteht meist ein Leben lang.

**Senkrecht**

a. Häufig geht eine Drogensucht mit Beschaffungskriminalität einher.

b. Wichtige Ansprechpartner für das Erkennen der Sucht und den Ausstieg aus ihr sind neben Ärzten auch Drogenberatungsstellen.

c. Ein Ausstieg aus der Drogenkarriere ist schwierig, aber machbar.

d. In der Nachsorgephase wird der Betroffene wieder in die Gesellschaft eingegliedert.

e. In einer Drogentherapie muss der Betroffene lernen, seine Probleme ohne Drogen zu lösen.

f. Angehörige von Drogensüchtigen, z. B. von Alkoholikern, schützen diese meist vor den gesellschaftlichen Folgen ihrer Sucht. Dies bezeichnet man als Co-Abhängigkeit.

**Lösungswort:** K E I N E D R O G E N

# 15 Krebs

## Merkmale und Entstehung

**1** Wenn durch fehlreguliertes Zellwachstum Gewebsneubildungen entstehen, spricht man von Tumoren. Nach ihrem Verhalten unterscheidet man gutartige und bösartige Tumoren.

a) Ordnen Sie den Tumoren die zugehörigen Eigenschaften zu, indem Sie rechts oder links ein Kreuz setzen.

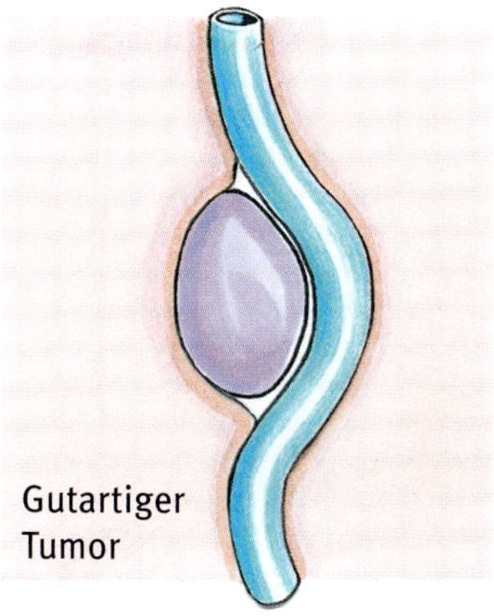

Gutartiger Tumor

| Gutartiger Tumor | Eigenschaft | Bösartiger Tumor |
|---|---|---|
| X | ist scharf begrenzt und kapselt sich ab | |
| | dringt in Blutgefäße ein | X |
| X | bildet niemals Absiedelungen | |
| | wuchert in umliegendes gesundes Gewebe | X |
| | wächst sehr schnell | X |
| X | verdrängt gesundes Gewebe | |

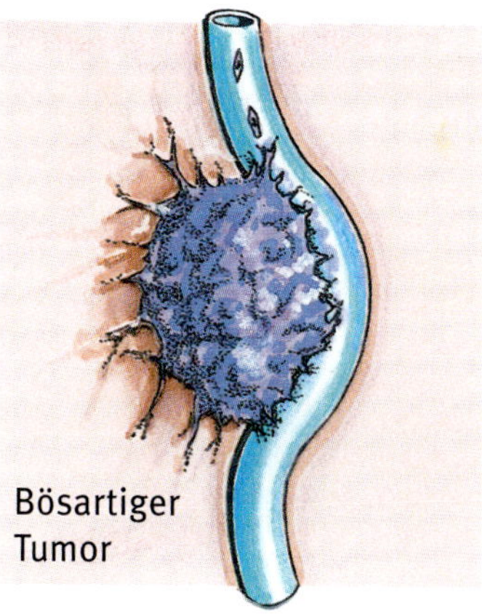

Bösartiger Tumor

b) Auch „gutartige" Tumoren können lebensgefährlich werden. Nennen Sie ein Beispiel.

Ein gutartiger Hirntumor z. B. übt Druck auf umliegendes Gewebe aus, da der Schädel kein Ausweichen erlaubt. Wichtige Zentren und Leitungsbahnen werden geschädigt.

**2** Bösartige Tumoren werden als Krebs bezeichnet. Als Möglichkeit ist Krebs in jedem Menschen angelegt. Aber nicht jeder Mensch erkrankt an Krebs.

a) Beschreiben Sie, unter welchen Umständen sich bei einem Menschen Krebs entwickeln kann.

Jeder Mensch trägt in seinen Zellen Krebsgene. Sie werden durch schädigende Einflüsse aktiviert. Kann das zelleigene Reparatursystem den Schaden nicht beheben, entstehen Krebszellen. Funktionieren auch die Kontrollmechanismen der körpereigenen Immunabwehr nicht mehr, vermehren sich die Krebszellen unkontrolliert und zerstören gesundes Gewebe.

b) Krebs ist nicht erblich, aber dennoch häufen sich bestimmte Krebsarten in manchen Familien. Was wird hier als Ursache angenommen?

Manche Menschen zeigen eine höhere Bereitschaft, durch schädigende Einflüsse Krebs zu entwickeln. Diese Bereitschaft wird oft vererbt.

c) Viele bösartige Tumoren bilden Metastasen. Erklären Sie, was man unter Metastasen versteht und wie sie entstehen.

Metastasen sind Tochtergeschwülste bösartiger Tumoren. Sie entstehen, wenn einzelne Tumorzellen über den Blut- oder Lymphweg in andere Organe geschwemmt werden.

## Risikofaktoren

1 Während steigendes Lebensalter jede Art von Krebs wahrscheinlicher macht, korrelieren andere Einflüsse oft in hohem Maße mit bestimmten Krebsarten. Ordnen Sie zu.

| | |
|---|---|
| **Rauchen** | Hautkrebs |
| **radioaktive Strahlung** | Gebärmutterhalskrebs |
| **intensive UV-Strahlung** | Lungen-, Kehlkopf-, Speiseröhren-, Bauchspeicheldrüsen-, Blasenkrebs |
| **Schimmelpilzgift Aflatoxin** | Magen-, Leberkrebs |
| **Humane Papillomviren (HPV)** | Lymphknotenkrebs |
| **Östrogen** | Blutkrebs |
| **immununterdrückende Therapie** | Darmkrebs |
| **ballaststoffarme, fleisch- u. fettreiche Kost, Alkohol** | Brustkrebs |

2 Zu den schädlichen Einflüssen, die eine Krebsentwicklung fördern, zählen auch die Nitrosamine, die in hohem Maße kanzerogen sind.

a) Ergänzen Sie die nachfolgende Übersicht zur Herkunft und Entstehung von Nitrosaminen.

Umbau durch Bakterien
begünstigend:
- Wärme
- luftdichte Verpackung
- Zerkleinern + längeres luftdichtes Lagern

Umwandlung durch
- Erhitzen, Stehenlassen und Aufwärmen von Essen
- Anwesenheit von Eiweiß (liefert Amine)
- Enzyme im Speichel, Säure im Magen

Nitrat → Nitrit → **Nitrosamine**

Nitrat
direkt enthalten in:
- Dünger
- Trinkwasser
- Gemüse wie Rote Beete, Kohl, Spinat und Salat (vermehrt bei Treibhausanbau)

Nitrit
direkt enthalten in Lebensmitteln, die mit Nitritpökelsalz haltbar gemacht wurden:
- gepökelte Wurst- und Fleischwaren
- gereifter Käse

**Nitrosamine**
direkt enthalten in:
- gepökeltem Fleisch, geräuchertem Fisch, Käse, Eier
- Zigarettenrauch

b) „Also am besten gar nichts mehr essen", ist Annas Meinung. „Na", meint ihre Freundin Mia, „man kann schon etwas tun, um die Gesamtbelastung zu reduzieren." Die beiden tragen Ideen zusammen. Was wären Ihre Vorschläge? Formulieren Sie möglichst konkrete Antworten, z. B. statt „Essen nicht wieder aufwärmen" lieber schreiben: „Essen frisch zubereiten".

Gemüse und Salat möglichst aus ökologischem Anbau/Freiland; Stiele, Blattrippen und Außenblätter entfernen, roh oder direkt nach Zubereitung verzehren. Essen frisch zubereiten! Gepökeltes oder Käse nur selten (wenn, eher kalt verzehren und getrennt). Gleichzeitig viel Vitamin C aufnehmen!

# Schutzmaßnahmen

**1** 10 % aller Krebserkrankungen werden durch Kanzerogene am Arbeitsplatz ausgelöst.

a) Lesen Sie die Meldung. Schreiben Sie die wichtigsten Thesen auf ein Blatt Papier.

> Lösungsmittel der Firma X unter Krebsverdacht
>
> Wissenschaftliche Untersuchungen erhärten den Verdacht, dass die Chemikalie M-400 Leberkrebs auslöst. M-400 wird in der Industrie für die Herstellung von Medikamenten, Farben und Lacken eingesetzt. Es kann zurzeit durch keine andere Chemikalie ersetzt werden. Nur strenge Sicherheitsmaßnahmen können eine Gefährdung der Gesundheit der Arbeiter ausschließen. Die Firma X kündigt an, einen Ersatz für M-400 zu entwickeln.

b) Zählen Sie Maßnahmen zum persönlichen Schutz der Arbeiter der Firma X auf.

Z. B. Arbeiten unter dem Abzug, Tragen von Schutzmasken/-brillen, Schutzkleidung und Handschuhen. Schwangere und Jugendliche andernorts einsetzen.

c) In einer Sitzung des Betriebsrates sollen Handlungsmöglichkeiten im Umgang mit dem Krebs auslösenden Arbeitsstoff M-400 diskutiert werden. An der Sitzung nehmen untenstehende Personen teil. Stellen Sie für jede Person treffende Argumente auf einer Rollenkarte zusammen und spielen Sie das Rollenspiel an einem „runden Tisch“. Wie fühlen Sie sich in Ihrer Rolle?

Betriebsarzt: fordert schärfere Kontrollen aller Sicherheitsvorschriften.

Direktor: nimmt Meldung nicht ernst, möchte friedliche Lösung.

Betriebsrat: fordert sofortiges Verbot der Chemikalie.

Mitarbeiter II: glaubt, dass die normalen Sicherheitsvorschriften ausreichen.

Mitarbeiter I: fordert gesunden Arbeitsplatz; warnt vor Krebsgiften in der Umwelt.

**2** Wahr oder falsch? Beurteilen Sie die Empfehlungen zum Schutz vor schwarzem Hautkrebs. Streichen Sie die falschen Aussagen durch und schreiben Sie sie in richtiger Form unten auf.

| | |
|---|---|
| 1) Ein Sonnenschutzpräparat trägt man 30 Minuten vor dem Sonnenbad auf. | wahr |
| 2) Sonnenbrand sollte unbedingt vermieden werden. | wahr |
| 3) Der günstigste Zeitraum für ein Sonnenbad ist mittags zwischen 11 h und 15 h. | falsch |
| 4) In den ersten Urlaubstagen sollte man möglichst im Schatten bleiben. | wahr |
| 5) Mit die wirksamsten Sonnenschutzmittel sind Kleidung, Hüte etc. | wahr |

zu 3) Mittagsonne hat einen besonders hohen Anteil an UV-Strahlen, daher vormittags oder nachmittags sonnenbaden (und mittags Siesta halten ...).

# Früherkennung

1 Informieren Sie sich über die Krebsfrüherkennungsuntersuchungen im Rahmen der gesetzlichen Krankenversicherung und ergänzen Sie die Übersicht (Zahlen = Lebensjahr).

Frauen

| | | | | | | | | | | | | | | | | | | | | | | | | | | | | | | | | | | | | | |
|---|---|---|---|---|---|---|---|---|---|---|---|---|---|---|---|---|---|---|---|---|---|---|---|---|---|---|---|---|---|---|---|---|---|---|---|---|---|
| 20 | 21 | 22 | 23 | 24 | 25 | 26 | 27 | 28 | 29 | 30 | 31 | 32 | 33 | 34 | 35 | 36 | 37 | 38 | 39 | 40 | 41 | 42 | 43 | 44 | 45 | 46 | 47 | 48 | 49 | 50 | 51 | 52 | 53 | 54 | 55 | 56 | 57 |

► ab 20. Lebensjahr: jährliche Untersuchung auf Krebs der weiblichen Geschlechtsorgane

| | | | | | | | | | | | | | | | | | | | | | | | | | | | | | | | | | | | | | |
|---|---|---|---|---|---|---|---|---|---|---|---|---|---|---|---|---|---|---|---|---|---|---|---|---|---|---|---|---|---|---|---|---|---|---|---|---|---|
| 20 | 21 | 22 | 23 | 24 | 25 | 26 | 27 | 28 | 29 | 30 | 31 | 32 | 33 | 34 | 35 | 36 | 37 | 38 | 39 | 40 | 41 | 42 | 43 | 44 | 45 | 46 | 47 | 48 | 49 | 50 | 51 | 52 | 53 | 54 | 55 | 56 | 57 |

► ab 30. Lebensjahr: jährliche Untersuchung auf Brustkrebs (zwischen 50–69 Jahren alle zwei Jahre Anspruch auf Mammografie)

| | | | | | | | | | | | | | | | | | | | | | | | | | | | | | | | | | | | | | |
|---|---|---|---|---|---|---|---|---|---|---|---|---|---|---|---|---|---|---|---|---|---|---|---|---|---|---|---|---|---|---|---|---|---|---|---|---|---|
| 20 | 21 | 22 | 23 | 24 | 25 | 26 | 27 | 28 | 29 | 30 | 31 | 32 | 33 | 34 | 35 | 36 | 37 | 38 | 39 | 40 | 41 | 42 | 43 | 44 | 45 | 46 | 47 | 48 | 49 | 50 | 51 | 52 | 53 | 54 | 55 | 56 | 57 |

► ab 35. Lebensjahr: alle zwei Jahre Untersuchung auf Hautkrebs

| | | | | | | | | | | | | | | | | | | | | | | | | | | | | | | | | | | | | | |
|---|---|---|---|---|---|---|---|---|---|---|---|---|---|---|---|---|---|---|---|---|---|---|---|---|---|---|---|---|---|---|---|---|---|---|---|---|---|
| 20 | 21 | 22 | 23 | 24 | 25 | 26 | 27 | 28 | 29 | 30 | 31 | 32 | 33 | 34 | 35 | 36 | 37 | 38 | 39 | 40 | 41 | 42 | 43 | 44 | 45 | 46 | 47 | 48 | 49 | 50 | 51 | 52 | 53 | 54 | 55 | 56 | 57 |

► ab 50. Lebensjahr: jährliche Untersuchung auf Darmkrebs (ab 55 J.: alle 10 Jahre Darmspiegelung, alternativ alle zwei Jahre Test auf Blut im Stuhl)

Männer

| | | | | | | | | | | | | | | | | | | | | | | | | | | | | | | | | | | | | | |
|---|---|---|---|---|---|---|---|---|---|---|---|---|---|---|---|---|---|---|---|---|---|---|---|---|---|---|---|---|---|---|---|---|---|---|---|---|---|
| 20 | 21 | 22 | 23 | 24 | 25 | 26 | 27 | 28 | 29 | 30 | 31 | 32 | 33 | 34 | 35 | 36 | 37 | 38 | 39 | 40 | 41 | 42 | 43 | 44 | 45 | 46 | 47 | 48 | 49 | 50 | 51 | 52 | 53 | 54 | 55 | 56 | 57 |

► ab 35. Lebensjahr: alle zwei Jahre Untersuchung auf Hautkrebs

| | | | | | | | | | | | | | | | | | | | | | | | | | | | | | | | | | | | | | |
|---|---|---|---|---|---|---|---|---|---|---|---|---|---|---|---|---|---|---|---|---|---|---|---|---|---|---|---|---|---|---|---|---|---|---|---|---|---|
| 20 | 21 | 22 | 23 | 24 | 25 | 26 | 27 | 28 | 29 | 30 | 31 | 32 | 33 | 34 | 35 | 36 | 37 | 38 | 39 | 40 | 41 | 42 | 43 | 44 | 45 | 46 | 47 | 48 | 49 | 50 | 51 | 52 | 53 | 54 | 55 | 56 | 57 |

► ab 45. Lebensjahr: jährliche Untersuchung auf Krebs der männlichen Geschlechtsorgane

| | | | | | | | | | | | | | | | | | | | | | | | | | | | | | | | | | | | | | |
|---|---|---|---|---|---|---|---|---|---|---|---|---|---|---|---|---|---|---|---|---|---|---|---|---|---|---|---|---|---|---|---|---|---|---|---|---|---|
| 20 | 21 | 22 | 23 | 24 | 25 | 26 | 27 | 28 | 29 | 30 | 31 | 32 | 33 | 34 | 35 | 36 | 37 | 38 | 39 | 40 | 41 | 42 | 43 | 44 | 45 | 46 | 47 | 48 | 49 | 50 | 51 | 52 | 53 | 54 | 55 | 56 | 57 |

► ab 50. Lebensjahr: jährliche Untersuchung auf Darmkrebs (ab 55 J.: alle 10 Jahre Darmspiegelung, alternativ alle zwei Jahre Test auf Blut im Stuhl)

2 Die Vorsorgeuntersuchungen werden nicht in der Weise wahrgenommen, wie es sinnvoll wäre; vor allem von Männern nicht. Überlegen Sie Gründe hierfür.

Z. B. Scham, Angst vor Untersuchung, Krebs bzw. Tod = Tabuthema, Fehleinschätzung „mir passiert das nicht“, kein akuter Leidensdruck, fehlende Information.

# Behandlung

1 Erläutern Sie, warum den Krebsfrüherkennungsuntersuchungen besondere Bedeutung zukommt.

Wird ein Krebs früh erkannt, kann er rechtzeitig behandelt werden. Die Prognose ist günstiger und sogar Heilung möglich.

2 Auch knapp 2 000 Kinder in Deutschland erkranken jährlich neu an Krebs, davon am häufigsten an Leukämie. Lesen Sie den folgenden Text über Helens Kampf gegen die Leukämie.

Helen, 4 Jahre, hatte Leukämie, eine bösartige Vermehrung von weißen Blutkörperchen. Sie musste während der einjährigen Behandlung die meiste Zeit im Krankenhaus bleiben. Ihre Mutter war jeden Tag bei ihr. Das half Helen bei der anstrengenden Behandlung – Chemotherapie, Bestrahlung und Knochenmarktransplantation. Während der Behandlung ging es ihr nicht gut: Angst, Übelkeit, die Haare fielen aus. Die anderen Kinder, ihre Lehrerin im Krankenhaus und die Schwestern halfen ihr, jeden Tag neu zu leben. Helen hat es geschafft. 85 % der leukämiekranken Kinder, die frühzeitig behandelt werden, können vollständig geheilt werden.

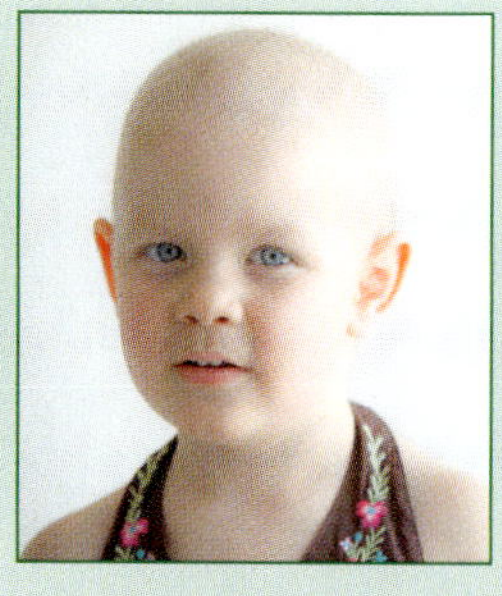

a) Beschreiben Sie die Symptome einer Leukämie, indem Sie Fachmedien hinzuziehen.

Symptome sind z. B. Müdigkeit, Gewichtsverlust, Infektneigung, unklares Fieber, Blässe, viele blaue Flecken, Knochen- und Gelenkschmerzen.

b) Bei Helen wurden mehrere Behandlungen angewandt. Vervollständigen Sie den Lückentext.

Bei der **Chemotherapie** werden spezielle Krebsmedikamente, die **Zytostatika**, verwendet. Diese enthalten Zellgifte, die das Wachstum all jener Zellen hemmen, die sich **schnell** teilen. Neben den Krebszellen werden auch **gesunde** Zellen mit hohem Zellumsatz geschädigt, z. B. Zellen in **Haar**wurzeln, in der Magen-Darm-**Schleimhaut**, in Keimdrüsen und häufig im **Knochenmark**, wo die Blutzellbildung stattfindet. Nebenwirkungen sind entsprechend häufig Haar**ausfall**, Übelkeit, Erbrechen und **Durchfall**, Zyklusstörungen, Blutungen und **Infekt**neigung. Wegen dieser Nebenwirkungen wird die Therapie meist nur kurzfristig und mit mehrwöchigen **Pausen** vorgenommen.
Die **Bestrahlung** hemmt die Vermehrung der Krebszellen und tötet sie ab. Die Bestrahlung selbst ist **nicht** schmerzhaft. Man bestrahlt nur eng begrenzte Körperstellen, um nur wenige gesunde Zellen zu schädigen. Die Nebenwirkungen sind **schwer** und ähneln denen der Chemotherapie. Die bestrahlte Haut ist meist sehr **empfindlich**, gerötet und bedarf schonender **Hautpflege**, z. B. mit Kinderöl. Eine ausreichende **Flüssigkeitszufuhr** während der Behandlung ist sehr wichtig.
Bei der **Knochenmarktransplantation** werden Knochenmarkzellen eines gesunden Spenders durch Infusion in das Blut des Kranken gegeben. Sie gelangen in das Knochenmark, wo sie neue, gesunde Blutzellen bilden können.

## Betreuung von an Krebs erkrankten Menschen

1 Guten Morgen, lieber Tag! Krebs bedeutet für die Betroffenen nicht nur Schmerz und Leid. Das Leben kann auch jetzt lebenswert und glücklich sein. Besonders krebskranke Kinder entwickeln oft Optimismus und Lebensfreude, wenn es das Umfeld zulässt. Was braucht ein krebskranker Mensch, um seine Lebensqualität empfinden zu können, um Angst abzubauen und glücklich zu sein? Überlegen Sie Bedürfnisse des Krebskranken und notieren Sie sie in Stichworten. Zum Beispiel:

Beziehungen: Kontakte zu Freunden, Mitschülern, Nachbarn, Verwandten etc.
Informationen über die Krankheit, verständliches, offenes Gespräch mit Arzt
Medizinische Hilfen: Krebsbehandlung, Schlafmittel, Schmerzmittel
Psychologische Betreuung und Unterstützung, Malen, Rollenspiele
Offenheit, Anteilnahme und Humor von Eltern, Pflegepersonal, Therapeuten
„Normaler Umgang“ mit anderen bzw. von anderen
Zuneigung der Eltern, nicht alleine sein, ehrlicher Umgang in der Familie
Vertraute Gegenstände: z. B. Kuscheltier, Spielzeug, Bücher
Unterhaltung: Musik, Zeitung, Fernseher, Spiele, Tagebuch
Gespräche über Krankheit, Tod und Sterben
Gefühle: weinen, schreien, schimpfen, Wut, Liebe
Perücke, Mütze, gutes Aussehen

2 Die Mutter eines krebskranken Kindes berichtet:

Die Großeltern ließen sich nicht mehr blicken. Auch unsere Freunde kamen nicht mehr. Sie meinten, es täte uns weh, ihre gesunden Kinder zu sehen. Ich fühlte mich im Stich gelassen und Kathi war allein mit dem Krebs. Alle hatten sie Schuldgefühle, dass sie gesund waren. Ich musste sie dringend über die Krankheit aufklären, sonst hätte ich sie alle verloren und Kathi vielleicht auch.

Überlegen Sie, wie Sie sich gegenüber einem Freund oder Verwandten, der an Krebs erkrankt ist, verhalten würden, um ihn persönlich zu stützen.

# 16 Zivilisationskrankheiten

## Veränderungen der Lebensgewohnheiten

1 Beschreiben Sie die folgende Abbildung und nennen Sie mögliche Ursachen für die Veränderungen des Nahrungsmittelverbrauchs von 1900 bis heute.

1900: geringes Einkommen, geringes Angebot an Lebensmitteln, Fleisch eher Beilage oder Hauptbestandteil einer Mahlzeit nur zu besonderen Anlässen. 2008: weltweiter Handel, Massenproduktion in der Landwirtschaft, großes Nahrungsmittelangebot, hohe Kaufkraft.

2 Diskutieren Sie die möglichen gesundheitlichen Auswirkungen der veränderten Zusammensetzung der Nahrung.

Die veränderte Zusammensetzung der Nahrung fördert heute die Entstehung von ernährungsbedingten Krankheiten, wie Gicht, Karies.

3 Finden Sie eine Definition für den Begriff Zivilisationskrankheit.

Alle Erkrankungen, die durch die Lebensweise in Zivilisationen verstärkt auftreten.

4 Nennen Sie anhand der Zeichnungen die entsprechende Zivilisationskrankheit und ihre möglichen Ursachen.

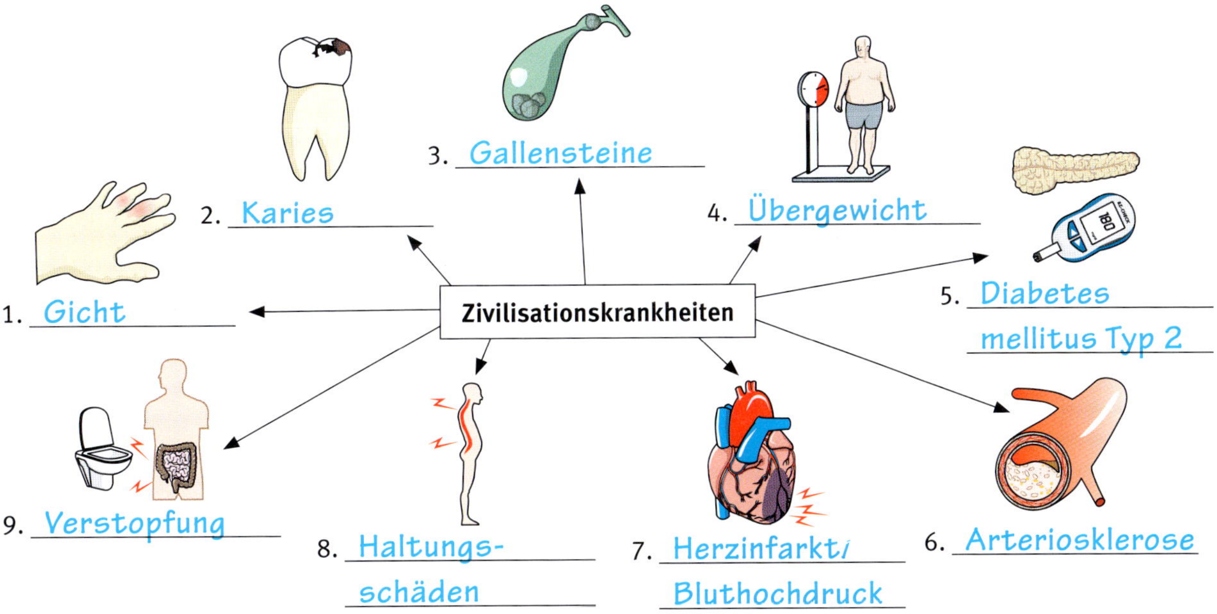

# Fast Food

1 Lesen Sie sich die Nährwerttabelle über die Fast-Food-Produkte durch.

2 Informieren Sie sich im Internet oder in Fachbüchern, wie viel kcal/kJ Sie am Tag zu sich nehmen dürfen.

3 Stellen Sie sich ein Mittagsmenü zusammen und errechnen Sie den Energiegehalt dieser Mahlzeit. Wie viel kcal/kJ Ihres Tagesbedarfs haben Sie mit dieser Mahlzeit zu sich genommen?

GDA = empfohlener Tagesbedarf
**Stand 28.08.2012**

| | kJ | kcal | Eiweiß | Kohlenhydrate | davon Zucker | Fett | davon gesättigte Fettsäuren (g) | Ballaststoffe | Salz |
|---|---|---|---|---|---|---|---|---|---|
| Beispiel Erwachsener* | 8372 | 2000 | 75 | 275 | 95 | 67 | 22 | 25 | 5 |
| Beispiel Kind* | 6698 | 1600 | 60 | 200 | 76 | 62 | 18 | 17 | 3 |

| Produkt | Portionsgröße | Brennwert (kJ) 100 g/ml | Brennwert (kJ) Portion | Brennwert (kJ) GDA | Brennwert (kcal) 100 g/ml | Brennwert (kcal) Portion | Brennwert (kcal) GDA | Eiweiß 100 g/ml | Eiweiß Portion | Eiweiß GDA | Kohlenhydrate (g) 100 g/ml | Kohlenhydrate (g) Portion | Kohlenhydrate (g) GDA | davon Zucker (g) 100 g/ml | davon Zucker (g) Portion | davon Zucker (g) GDA | Fett (g) 100 g/ml | Fett (g) Portion | Fett (g) GDA | davon gesättigte Fettsäuren (g) 100 g/ml | davon gesättigte Fettsäuren (g) Portion | davon gesättigte Fettsäuren (g) GDA | Ballaststoffe (g) 100 g/ml | Ballaststoffe (g) Portion | Ballaststoffe (g) GDA | Kochsalz (g) 100 g/ml | Kochsalz (g) Portion | Kochsalz (g) GDA | Natrium (g)/100 g 100 g/ml |
|---|---|---|---|---|---|---|---|---|---|---|---|---|---|---|---|---|---|---|---|---|---|---|---|---|---|---|---|---|---|
| Cheeseburger | 120 | 1065 | 1275 | 15 | 255 | 305 | 15 | 13 | 16 | 21 | 25 | 30 | 11 | 9 | 11 | 11 | 11 | 13 | 19 | 5 | 6 | 27 | 2 | 2 | 8 | 1,3 | 1,6 | 32 | 0,53 |
| Chicken McNuggets® 4 Stück | 71 | 1030 | 730 | 9 | 245 | 175 | 9 | 16 | 11 | 15 | 18 | 12 | 5 | 0 | 0 | 0 | 12 | 9 | 13 | 2 | 1 | 6 | 1 | 1 | 3 | 1,1 | 0,8 | 16 | 0,48 |
| Chicken McNuggets® 6 Stück | 107 | 1030 | 1100 | 13 | 245 | 265 | 13 | 16 | 17 | 22 | 18 | 19 | 7 | 0 | 0 | 0 | 12 | 13 | 20 | 2 | 2 | 9 | 1 | 1 | 5 | 1,1 | 1,2 | 23 | 0,48 |
| Doppel Cheeseburger | 173 | 1090 | 1890 | 23 | 260 | 450 | 23 | 16 | 27 | 36 | 18 | 31 | 11 | 7 | 11 | 12 | 14 | 24 | 36 | 7 | 12 | 55 | 1 | 2 | 8 | 1,3 | 2,2 | 44 | 0,51 |
| Doppel Hamburger | 145 | 1030 | 1490 | 18 | 245 | 355 | 18 | 15 | 22 | 29 | 21 | 30 | 11 | 8 | 11 | 11 | 11 | 16 | 24 | 5 | 7 | 32 | 1 | 2 | 8 | 1,2 | 1,7 | 34 | 0,47 |
| Hamburger | 106 | 1015 | 1075 | 13 | 240 | 255 | 13 | 12 | 13 | 17 | 28 | 30 | 11 | 10 | 11 | 11 | 8 | 9 | 13 | 4 | 4 | 18 | 2 | 2 | 8 | 1,2 | 1,3 | 26 | 0,49 |
| Pommes Frites mittel | 114 | 1250 | 1425 | 17 | 300 | 340 | 17 | 4 | 4 | 5 | 36 | 41 | 15 | 13 | 15 | 16 | 15 | 17 | 25 | 2 | 2 | 9 | 4 | 4 | 16 | 0,5 | 0,5 | 10 | 0,18 |
| Crispy Chicken Ceasar Salad (ohne Dressing) | 271 | 500 | 1360 | 16 | 120 | 325 | 16 | 9 | 25 | 33 | 6 | 16 | 6 | 2 | 6 | 6 | 6 | 17 | 25 | 2 | 5 | 23 | 1 | 4 | 16 | 0,5 | 1,4 | 28 | 0,21 |
| Gartensalat | 80 | 55 | 45 | 1 | 15 | 10 | 1 | 1 | 1 | 1 | 1 | 1 | 0 | 1 | 1 | 1 | 0 | 0 | 0 | 0 | 0 | 0 | 2 | 2 | 7 | 0,0 | 0,0 | 0 | 0,00 |
| Apfeltasche | 84 | 1210 | 1015 | 12 | 290 | 245 | 12 | 2 | 2 | 3 | 35 | 29 | 11 | 13 | 11 | 11 | 15 | 13 | 19 | 4 | 3 | 14 | 1 | 1 | 4 | 0,6 | 0,5 | 10 | 0,24 |
| Bio-Apfeltüte | 80 | 250 | 200 | 2 | 65 | 50 | 2 | 0 | 0 | 0 | 14 | 11 | 4 | 5 | 4 | 4 | 0 | 0 | 0 | 0 | 0 | 0 | 3 | 2 | 8 | 0,0 | 0,0 | 0 | 0,00 |
| Milchshake Schokogeschmack klein | 225 | 510 | 1145 | 14 | 120 | 275 | 14 | 3 | 7 | 10 | 21 | 48 | 17 | 8 | 17 | 18 | 3 | 6 | 9 | 2 | 4 | 20 | 1 | 1 | 6 | 0,3 | 0,7 | 14 | 0,13 |
| Milchshake Vanillegeschmack klein | 225 | 480 | 1085 | 13 | 115 | 260 | 13 | 3 | 6 | 8 | 22 | 49 | 18 | 8 | 18 | 19 | 2 | 4 | 6 | 1 | 3 | 13 | 0 | 0 | 0 | 0,2 | 0,4 | 9 | 0,08 |
| Apfelschorle mittel | 400 | 100 | 390 | 5 | 25 | 95 | 5 | 0 | 0 | 1 | 6 | 23 | 8 | 5 | 20 | 21 | 0 | 0 | 0 | 0 | 0 | 0 | 0 | 0 | 0 | 0,0 | 0,0 | 0 | 0,00 |
| Bio-Milch | 258 | 195 | 500 | 6 | 45 | 120 | 6 | 3 | 9 | 12 | 5 | 12 | 5 | 5 | 12 | 13 | 2 | 4 | 6 | 1 | 3 | 12 | 0 | 0 | 0 | 0,0 | 0,0 | 0 | 0,05 |
| Bio-Milch (Kind) | 258 | 195 | 500 | 7 | 45 | 120 | 7 | 3 | 9 | 15 | 5 | 12 | 6 | 5 | 12 | 16 | 2 | 4 | 6 | 1 | 3 | 15 | 0 | 0 | 0 | 0,0 | 0,0 | 0 | 0,05 |
| Bonaqua mittel | 400 | 0 | 0 | 0 | 0 | 0 | 0 | 0 | 0 | 0 | 0 | 0 | 0 | 0 | 0 | 0 | 0 | 0 | 0 | 0 | 0 | 0 | 0 | 0 | 0 | 0,0 | 0,0 | 0 | 0,00 |
| Coca-Cola mittel | 400 | 180 | 710 | 8 | 40 | 170 | 8 | 0 | 0 | 0 | 11 | 42 | 15 | 11 | 42 | 45 | 0 | 0 | 0 | 0 | 0 | 0 | 0 | 0 | 0 | 0,0 | 0,0 | 0 | 0,00 |
| Coca-Cola Zero mittel | 400 | 0 | 0 | 0 | 0 | 0 | 0 | 0 | 0 | 0 | 0 | 0 | 0 | 0 | 0 | 0 | 0 | 0 | 0 | 0 | 0 | 0 | 0 | 0 | 0 | 0,0 | 0,0 | 0 | 0,02 |
| Orangensaft, mittel | 400 | 185 | 735 | 9 | 45 | 175 | 9 | 1 | 3 | 4 | 10 | 41 | 15 | 10 | 40 | 42 | 0 | 0 | 0 | 0 | 0 | 0 | 0 | 0 | 0 | 0,0 | 0,0 | 0 | 0,00 |
| Ketchup | 23 | 505 | 115 | 1 | 110 | 25 | 1 | 2 | 0 | 1 | 27 | 6 | 2 | 20 | 5 | 5 | 0 | 0 | 0 | 0 | 0 | 0 | 1 | 0 | 0 | 3,0 | 0,7 | 14 | 1,15 |

# Schlankheitsmittel

1 Lesen Sie die folgenden Werbeanzeigen über Schlankheitsmittel durch, und unterstreichen Sie die Produktaussagen.

2 Beurteilen Sie dann kritisch die Bedeutung von Schlankheitsmitteln beim Abbau von Übergewicht. Besorgen Sie sich gegebenenfalls weitere Informationen über Schlankheitsmittel.

Frau S.: „Ich habe schon alles versucht, um abzunehmen. Mit dem Fettmobilisierungssystem von der Firma Schlank verlor ich 14 Kilo in 30 Tagen.* Es war

**mein letzter Versuch**

und es hat geklappt. Ich verlor innerhalb von drei Monaten mein Übergewicht genau in meinen Problemzonen. Meine Figur ist wieder schlank und meine Haut wunderbar straff und gepflegt. Ich kann dieses Produkt jedem weiterempfehlen." Rufen Sie an und bestellen Sie ...

- **ohne zu hungern**
- **ohne Pillen**
- **ohne Gymnastik**

* Behandlungstage
Nicht in allen Fällen endokriner Fettsucht

In Rundfunk- und Fernsehsendungen von Medizinern gutgeheißen, von der ital. Ärztekammer für Gesundheitskongress vorgeschlagen, von gerichtl. beeid. Sachverständigen bestätigt: Die Hauptwirkstoffe der K.-Kur funktionieren.

Vor fünf Jahren gingen die ersten Meldungen von erstaunlichen Erfolgen einer neu entwickelten Entschlackungskur des Naturheilers K. durch die Presse, die den Körper entgiften sollte. Bald stellte sich heraus, dass sie auch eine positive Veränderung der Körperproportionen zur Folge hat. Das Prinzip ist genial einfach: Natürliche Wirkstoffe lösen Schlackenstoffe aus dem Innern des Fettgewebes und Riesenfettzellen reduzieren sich auf ein gesundes Maß. Heute, nachdem diese einfache und natürliche Kur nicht nur von Silke S., sondern von Tausenden Personen erfolgreich getestet wurde, weiß man: Herr K. hat der Welt ein großes Vermächtnis hinterlassen: einen Weg, jede Menge Fettgewebe zu entschlacken und damit seinen Körper auf natürliche Weise wieder in Form zu bringen! Davon haben sich inzwischen auch viele Ärzte, ursprünglich große Skeptiker, überzeugt! Die K.-Kur regt den Körper an, überflüssiges Fettgewebe abzubauen, aber vor allem tut sie viel für Ihre Gesundheit: Sie reinigt die Harn- und Blasenwege, reduziert viele Kilos an ungesundem Übergewicht und entgiftet den ganzen Körper ohne schädliche Nebenwirkungen!

## Stellungnahmen von Forschern und Ärzten

- Prof. H. M.: Meine Testpersonen haben in drei Monaten 15 Prozent ihres Körperfettes verloren...
- Prof. B. E.: Je intensiver die Mittel eingesetzt werden, desto besser und schneller der Effekt ...
- Prof. S.: Der Hauptimpuls für die Fettverbrennung wird durch die Wirkstoffe in den ersten 90 Minuten Tiefschlafphase stimuliert. Wenn Sie also zwei Stunden vor dem Schlafengehen zu Abend essen und auf das Betthupferl verzichten, können Sie Ihrer Hypophyse mit der Kur auf die Sprünge helfen und müssen sich nie mehr mit Diäten quälen.

## Stellungnahmen von Konsumenten

- Meine Nachbarin hat durch die Kur 20 kg in vier Wochen und meine Tochter bis jetzt 4 kg in einer Woche entschlackt, obwohl sie keine strenge Diät hält, jetzt will sie auch die K.-Kur.
  Bettina H., Calau
- Fühle mich sehr wohl, habe 8 kg abgenommen und mein Hungergefühl ist verschwunden.
  Sabine O., Köln
- Minus 104 Pfund durch K.-Kur.
  Herbit Z., Berlin
- Dank K.-Kur 22 kg leichter.
  Pfarrer v. Köln
- Schon 14 kg abgenommen, fühle mich total wohl.
  Luise R., Steinhude
- 16 kg weniger und keine Nieren- und Leberprobleme mehr.
  Nicole L., Mannheim
- In 2 Wochen 17 kg Fettgewebe reduziert, habe keine geschwollenen Füße mehr, auch die schweren Depressionen sind durch die K.-Kur verschwunden. Fühle mich wie ein neuer Mensch.
  Elisabeth W., München
- Nach 12 kg Gewichtsverlust mit der Kur aufgehört, wollte nicht noch schlanker werden.
  Markus H., Tirol

## Gichtentwicklung

1 Ordnen Sie die nachfolgenden Textbausteine in das Schaubild über die mögliche Entwicklung einer Gichterkrankung ein.

| | | |
|---|---|---|
| erhöhter Harnsäurespiegel | Nahrung, aus der viel Harnsäure gebildet werden kann | verminderte Harnsäureausscheidung |
| erhöhte Harnsäurebildung | Gicht | Wein, Wodka, Bier usw. |
| übermäßiger Alkoholgenuss | z. B. Innereien, geräucherter Fisch, Wurstwaren, Erdnüsse | |

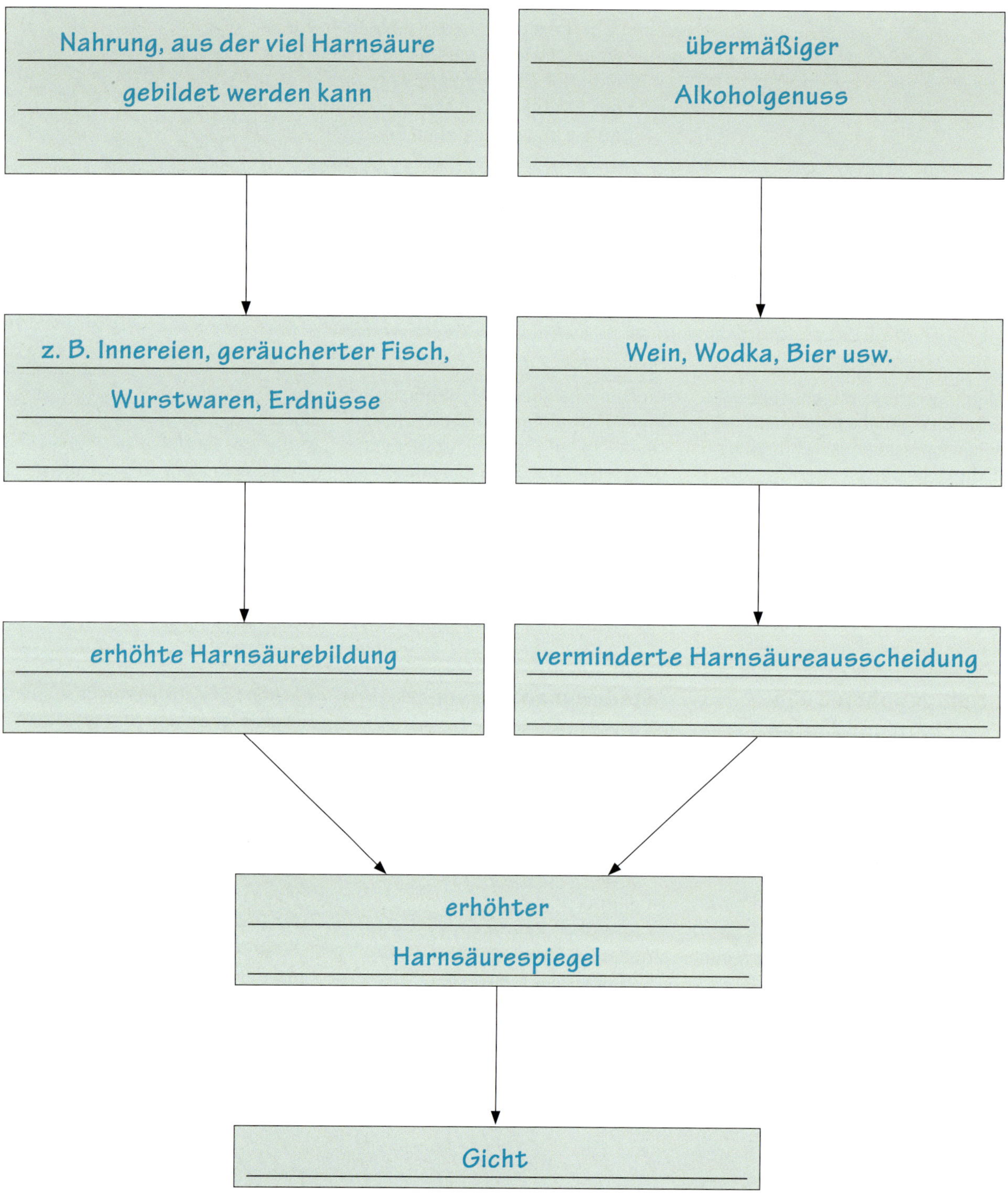

# Metabolisches Syndrom

**1** Erklären Sie, was man unter dem Begriff metabolisches Syndrom versteht.

Das metabolische Syndrom bezeichnet in der Medizin das gemeinsame Auftreten von Übergewicht, Fettstoffwechselstörungen, Bluthochdruck, erhöhten Cholesterinwerten und Insulinresistenz.

**2** Finden Sie in dem folgenden Suchworträtsel versteckte Begriffe, die im Zusammenhang mit dem metabolischen Syndrom stehen und umranden Sie diese (ö = oe, ü = ue).

| | | | | | | | | | | | | | | | | | | | | | | | | |
|---|---|---|---|---|---|---|---|---|---|---|---|---|---|---|---|---|---|---|---|---|---|---|---|---|
| G | F | E | T | T | S | T | O | F | F | W | E | C | H | S | E | L | S | T | O | E | R | U | N | G |
| D | H | U | H | C | F | H | C | T | A | U | W | V | U | S | G | E | I | C | J | S | F | G | R | N |
| I | T | N | Z | M | O | K | E | F | L | K | L | U | S | A | T | I | H | B | N | P | U | K | Q | K |
| B | A | W | H | H | V | T | W | R | O | L | B | R | D | R | U | O | Z | Q | F | A | U | H | C | H |
| R | I | S | H | F | T | S | E | J | Z | A | G | I | E | I | I | M | Y | G | D | J | B | U | T | O |
| D | L | F | L | T | T | L | C | W | W | I | S | W | M | L | B | V | R | E | X | O | R | S | Q | C |
| O | L | I | H | N | I | F | R | Y | K | E | N | S | A | T | W | Y | T | W | P | D | G | C | T | H |
| Q | E | F | N | J | C | B | H | K | S | I | Y | F | J | W | U | J | L | I | H | G | W | H | G | R |
| O | N | Q | X | S | O | U | J | E | R | T | K | N | A | W | P | C | K | C | F | M | X | L | C | I |
| A | U | Z | B | J | U | B | V | E | E | A | E | H | A | R | N | A | O | H | B | S | P | A | U | S |
| D | M | T | J | B | W | L | T | H | S | Y | H | H | A | J | K | H | E | T | J | F | L | G | J | I |
| Z | F | V | Z | I | V | S | I | N | A | L | J | M | P | T | T | T | X | S | G | P | Q | A | I | K |
| G | A | D | O | A | E | V | J | N | Z | D | P | Z | U | U | I | R | G | R | N | V | S | N | B | O |
| D | N | V | H | L | F | I | L | U | R | N | Z | G | L | G | X | W | W | E | J | Y | Q | F | T | P |
| L | G | W | O | H | E | V | Y | Q | P | E | S | B | N | U | Z | S | B | D | F | L | H | A | D | A |
| Q | Y | H | J | D | I | A | B | E | T | E | S | M | E | L | L | I | T | U | S | A | X | L | K | T |
| E | C | R | R | W | Q | T | J | G | O | C | F | I | J | T | Z | V | G | K | J | D | H | L | I | I |
| V | F | K | D | W | U | M | K | V | N | N | M | E | S | Y | K | K | M | T | H | A | T | R | R | E |
| T | O | E | D | L | I | C | H | E | S | Q | U | A | R | T | E | T | T | I | E | X | I | I | J | N |
| R | U | U | Y | Z | B | Z | U | B | Q | A | F | I | W | P | E | M | T | O | B | Q | F | S | O | T |
| Y | N | H | O | M | P | R | Z | G | K | P | W | N | U | X | X | N | I | N | R | T | C | I | D | E |
| B | P | I | N | U | U | C | H | U | F | B | C | F | V | R | U | U | Z | M | N | W | L | K | I | N |
| Z | P | A | E | D | Z | E | Y | K | I | V | M | D | I | P | O | Y | C | N | H | Z | T | O | P | T |
| S | T | A | M | M | B | E | T | O | N | T | E | S | U | E | B | E | R | G | E | W | I | C | H | T |
| D | P | Y | E | N | E | B | K | R | W | A | H | K | J | M | W | O | P | N | C | I | V | D | E | P |

**3** Tragen Sie die in Aufgabe 2 gefundenen Wörter in die Tabelle unten ein und erklären Sie den Zusammenhang mit dem metabolischen Syndrom.

| Gefundene Wörter | Zusammenhang mit dem metabolischen Syndrom |
|---|---|
| ▶ Tödliches Quartett | Umgangssprachlicher Begriff für das metabolische Syndrom |
| ▶ Bluthochdruck | Bedeutender Risikofaktor für das metabolische Syndrom |
| ▶ Insulinresistenz | Ursache für die Entwicklung eines Diabetes mellitus Typ 2 |

| | |
|---|---|
| ► Stammbetontes Übergewicht | Erhöht das Risiko für eine Diabetes-mellitus-Typ-2-Erkrankung und damit auch das Risiko für das metabolische Syndrom |
| ► Fettstoffwechselstörung | Deutlicher Risikofaktor für die Entstehung eines metabolischen Syndroms |
| ► Taillenumfang | Liegt dieser bei Frauen über 88 cm und bei Männern über 102 cm, gilt dies als Risikofaktor für das metabolische Syndrom. |
| ► Herzinfarktgefahr | Ist beim metabolischen Syndrom stark erhöht |
| ► Schlaganfallrisiko | Ist beim metabolischen Syndrom stark erhöht |
| ► Gewichtsreduktion | Senkt das Risiko für die Folgeerkrankungen des metabolischen Syndroms stark ab. Werte erreichen Normalbereich. |
| ► Diabetes mellitus | Risikofaktor für die Entstehung des metabolischen Syndroms |
| ► Cholesterinwerte | Sind diese erhöht, gilt dies als Risikofaktor für das metabolische Syndrom |
| ► Hochrisikopatienten | Menschen mit dem metabolischen Syndrom gelten als Hochrisikopatienten, da sich ihr Risiko z. B. für einen Schlaganfall verzehnfacht. |

# Bulimie und Magersucht

1 Unterstreichen Sie im folgenden Text mögliche Anzeichen, die auf eine Bulimie hinweisen.

**Annette K., 25 Jahre, Angestellte**

Als ich 15 war, fühlte ich mich nicht wohl in meiner Haut. Häufig hörte ich Bemerkungen wie „Pummelchen, du musst dünner werden!“ Statt bei meinen nun folgenden Diäten an Gewicht zu verlieren, bekam ich immer häufiger Fressanfälle, bei denen ich alles Essbare in mich hineinstopfte. Dann steckte ich mir den Finger in den Hals und würgte, bis ich alles erbrochen hatte. Als ich dann alleine lebte und anfing zu arbeiten, wurde dieses Ritual zum festen Bestandteil meines täglichen Lebens. Bei Stress habe ich zu Hause immer den ganzen Kühlschrank leergegessen. Dabei war es mir völlig egal, was ich aß, Hauptsache viel! Das ging drei Jahre so. Das Fressen und Erbrechen bestimmte mein Leben. Mein Kreislauf versagte, meine Zähne gingen kaputt, mein Stoffwechsel war völlig durcheinander. Freunde beschwerten sich, dass ich mich mehr und mehr zurückzog. Der Gedanke, dass ich zunehmen könnte, war für mich einfach unerträglich. Was mit mir los war, habe ich niemandem erzählt. Natürlich wollte ich mit der Fresserei und Kotzerei aufhören. Doch nach einigen Tagen fing der alte Trott wieder von vorne an. Ich wusste nicht mehr weiter. Zufällig entdeckte ich dann in der Tageszeitung den Erfahrungsbericht einer Bulimiekranken. Viele der dort beschriebenen Anzeichen deckten sich mit meinen Erfahrungen. Mein Problem hatte nun einen Namen.

2 Ordnen Sie die nachfolgenden Begriffe in die sogenannte Suchtspirale der Magersucht (S. 96) ein. Versuchen Sie, mithilfe dieser Begriffe die mögliche Entwicklung und den Verlauf einer Magersucht zu beschreiben.

| | | |
|---|---|---|
| körperlicher Verfall | Hungergefühl kann nicht immer kontrolliert werden (Aufnahme von Nahrung) | Machtgefühl über den eigenen Körper |
| Gewichtsabnahme | Angstgefühl | Verringerung der Nahrungsaufnahme |
| das Gefühl, versagt zu haben | Tod der Magersüchtigen | weitere Verringerung der Nahrungsaufnahme |

3 Begründen Sie, warum es bei einer Magersucht- und Bulimieerkrankung meist nicht ausreicht, nur die Nahrungsaufnahme zu kontrollieren.

Psychische Erkrankung, Suchtverhalten

## Suchtspirale der Magersucht

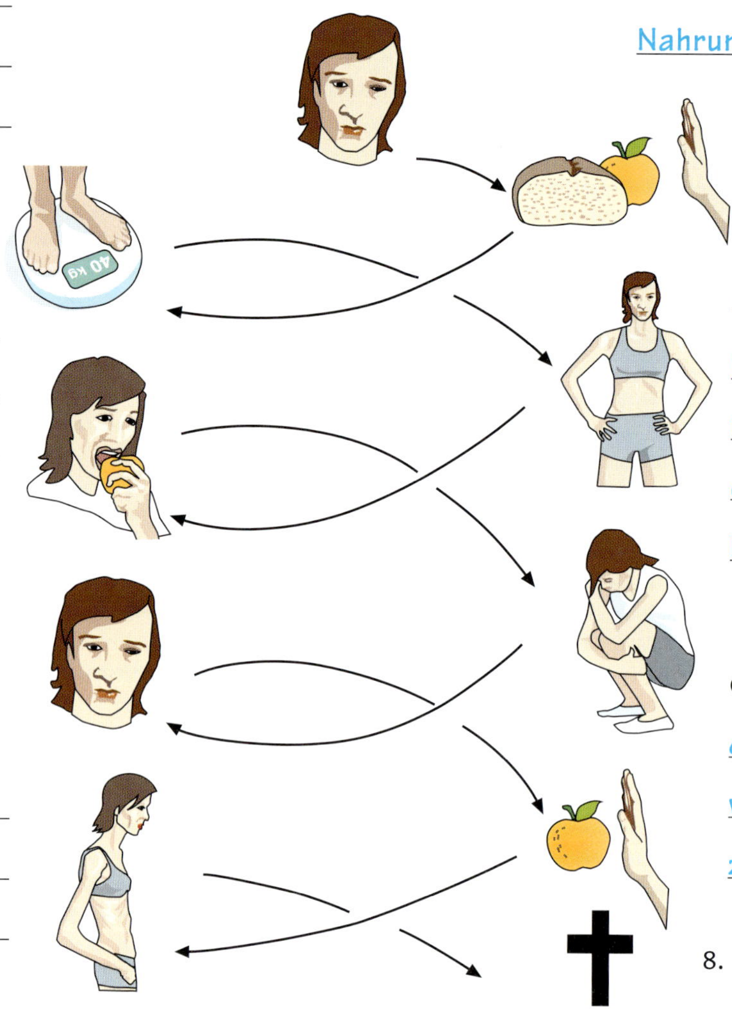


1. Angstgefühl

2. Verringerung der Nahrungsaufnahme

3. Gewichtsabnahme

4. Machtgefühl über den eigenen Körper

5. Hungergefühl kann nicht immer kontrolliert werden (Aufnahme von Nahrung)

6. das Gefühl, versagt zu haben

7. Angstgefühl

8. weitere Verringerung der Nahrungsaufnahme

9. körperlicher Verfall

10. Tod der Magersüchtigen

# 17 Der alte Mensch

## „Alterssonne“

1 Überlegen Sie in Ruhe, wie Sie sich Ihr Leben im Alter vorstellen können.

2 Ordnen Sie die Ihnen wichtigen Begriffe in die nachfolgende Sonne ein und ergänzen Sie diese mit Bildern aus Zeitschriften.

3 Stellen Sie sich dann gegenseitig in der Klasse Ihre Ergebnisse vor und diskutieren Sie diese.

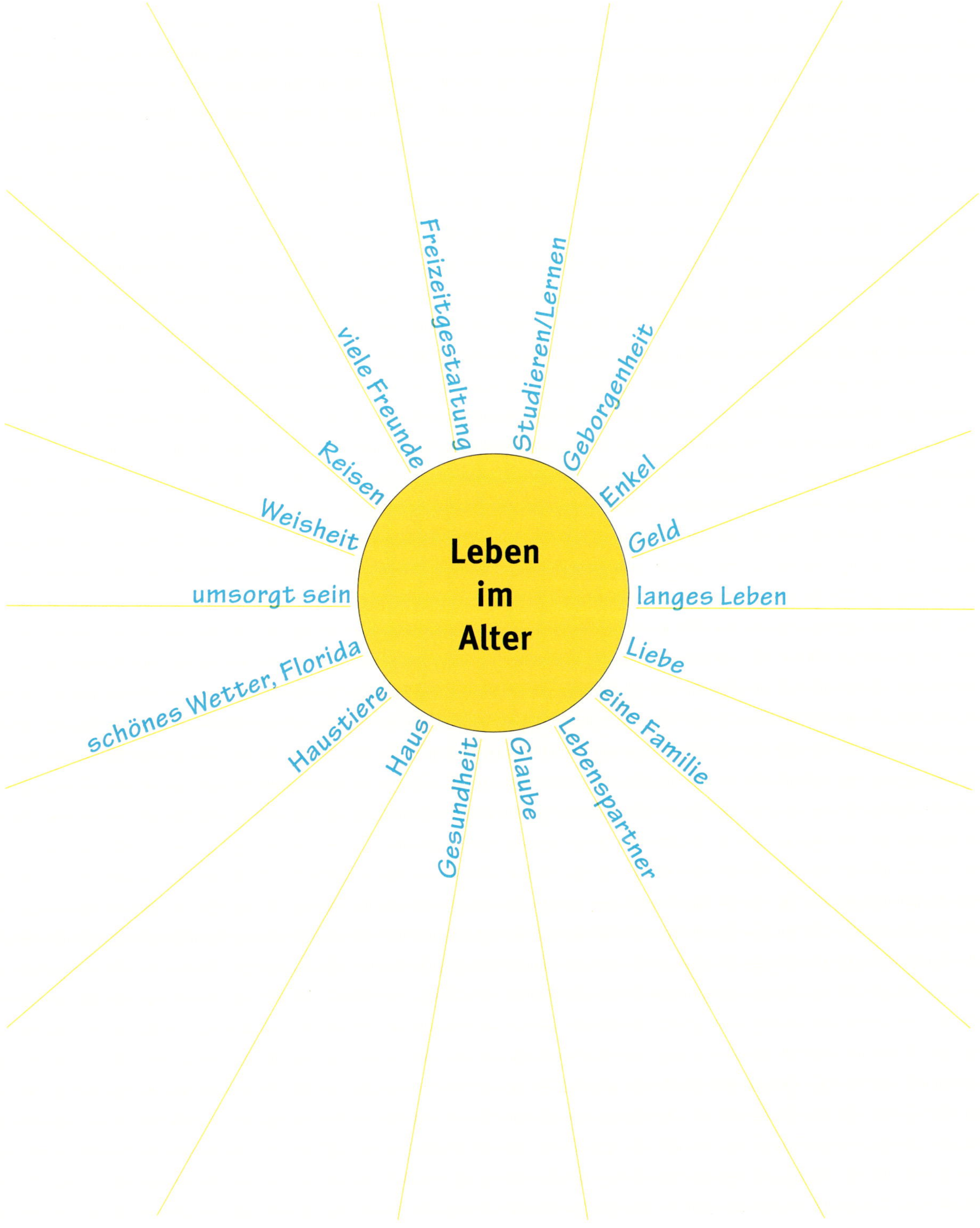

# Leben im Alter

1 Lesen Sie sich das nachfolgende Gedicht durch.

2 Beschreiben Sie Ihre Gefühle und Gedanken angesichts des Textes. Welche Bedeutung kommt der Lebensgeschichte eines alten Menschen in der Altenpflege zu?

Was sehen Sie, Schwester? Schauen Sie her!
Was denken Sie, wenn Sie genau hingucken?
Eine mürrische Alte, nicht sehr gescheit,
mit abwesendem Blick und schrulligem Verhalten,
die ihr Essen verkleckert und nicht reagiert,
wenn Sie mit steinerner Stimme fordern:
„Ich möchte, dass Sie es wenigstens versuchen!“,
die anscheinend nicht versteht, was Sie für sie tun,
und ständig einen Schuh oder Strumpf verliert.

Wenn das alles ist, was Sie über mich denken,
wenn Sie mich nur so sehen, dann kennen Sie mich nicht.
Ich will Ihnen sagen, wer ich auch noch bin,
wenn ich tue, was Sie sagen, und esse, was es gibt.

Ich bin ein Kind, 10 Jahre alt,
mit Vater und Mutter und vielen Geschwistern,
die häufig streiten und sich wieder versöhnen.
Ein Mädchen von 16 mit Flügeln an den Beinen,
das nur davon träumt, einem Prinzen zu begegnen.
Eine Braut dann mit 20 – mein Herz bleibt fast stehen,
wenn ich heute bedenke, was ich damals versprach.
Mit 25 habe ich Kinder, denen ich gebe, was sie brauchen:
ein geborgenes, glückliches Heim.

Eine Frau von 30, die Kinder wachsen schnell,
mit 40, da sind sie schon alle aus dem Haus,
doch mein Mann bleibt bei mir, und die Trauer ist leichter.
Mit 50 spielen Enkel um unsere Knie,
und wieder erleben wir, wie Kinder sind.
Dann dunkle Tage, mein Mann ist tot,
ich schaudre vor Angst, die Zukunft ist dunkel.
Meine Kinder ziehen selbst ihren Nachwuchs groß.
Mir bleibt nur die Liebe, die ich früher genoss.

Nun bin ich alt, und das Leben ist hart,
es kleidet das Alter ins Narrengewand:
Der Körper verfällt, Kraft und Anmut verschwinden,
mein Herz wurde scheinbar zu einem Stein.

Doch tief in mir lebt immer noch ein Mädchen,
dessen Herz hin und wieder aufgeregt pocht.

Ich denke an die Freuden, ich spüre den Schmerz,
ich liebe und lebe mein Leben noch einmal.
Ich denke an die Jahre, sie verflogen zu schnell,
und lerne begreifen, dass nichts ewig besteht.

So öffnen Sie die Augen und blicken Sie her,
kommen Sie näher und erkennen Sie endlich:
keine mürrische Alte, sondern mich!

Frei übersetzt nach einem Gedicht mit unbekanntem Verfasser (Anonymus) im Australischen Schwestern Journal. Quelle: Anonymus in Tjosvold & Tjosvold, 1984

# Parkinsonerkrankung

1 Lesen Sie den folgenden Text und kennzeichnen Sie die typischen Symptome für eine Parkinsonerkrankung farbig.

Anna Schmidt (75 Jahre) sorgt sich. Bereits zum vierten Mal in dieser Woche hatte ihr Mann Eduard seinen Kaffeebecher am Frühstückstisch umgestoßen. Eduard beklagte sich über sein Pech und meinte, das würde sich schon wieder geben. Frau Schmidt glaubte an eine zufällige Häufung der Missgeschicke. Allerdings hatte sie auch beobachtet, dass ihr Mann in letzter Zeit ganz allgemein ungeschickt geworden war. Er brauchte auffällig lange fürs Waschen und Anziehen. Auch beim Rasieren hatte er sich recht häufig geschnitten und das Zuknöpfen des Hemdes bereitete ihm durch das Händezittern erhebliche Schwierigkeiten. In der weiteren Zeit verschlimmerten sich die Beschwerden von Eduard Schmidt. Frau Schmidt drängt ihren Mann, einen Facharzt aufzusuchen. Dieser stellt nach eingehender Untersuchung die Diagnose einer beginnenden Parkinsonerkrankung.
Die Bewegungen des Herrn Schmidt verlangsamen mit der Zeit immer mehr. Auch sein Gang verändert sich auffällig. Beim Gehen schlurft er und die Schrittlänge wird immer kleiner. Er scheint zu trippeln. Die Arme pendeln beim Gehen nicht mehr mit, sondern hängen am Körper herunter. Herrn Schmidt fällt es zunehmend schwerer, Bewegungsabläufe zu beginnen und sie zu stoppen. Auch sein Gesicht zeigt die für Parkinsonkranke typische Starrheit und Ausdruckslosigkeit. Dies ist für Frau Schmidt besonders schwer. Sie empfindet diesen Gesichtsausdruck als Desinteresse an ihr. Der Arzt erklärt ihr jedoch auf Nachfrage, dass dieser Eindruck täuscht. Die Intelligenz bleibt bei den Kranken erhalten. Denkprozesse, Reaktionen und Auffassungsgabe sind nur verlangsamt. Als weitere auffällige Symptome dieser Krankheit sind bei Herrn Schmidt eine Starre und Steifheit des Körpers zu beobachten. Diese entsteht durch eine andauernde, unwillkürliche Muskelspannung, die letztlich den ganzen Körper steif werden lässt. Da besonders die Beugemuskeln beansprucht werden, nimmt der Kranke die typische Parkinsonhaltung ein: Kopf und Rumpf sind nach vorne gebeugt, die Knie und Ellenbogen sind angewinkelt.

2 Ergänzen Sie in der Abbildung einige Symptome des Parkinsonkranken.

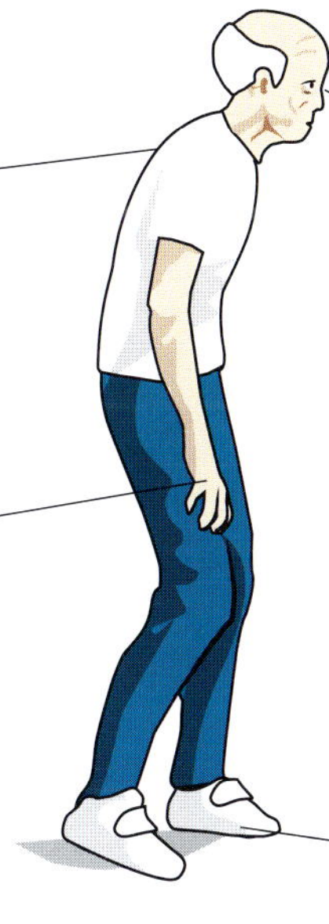

# Knochenaufbau und Osteoporose

1 Die folgende Abbildung zeigt die Entwicklung der Knochenmasse im Laufe des Lebens. Stellen Sie die Entwicklung der Knochen anhand der Abbildung möglichst genau dar.

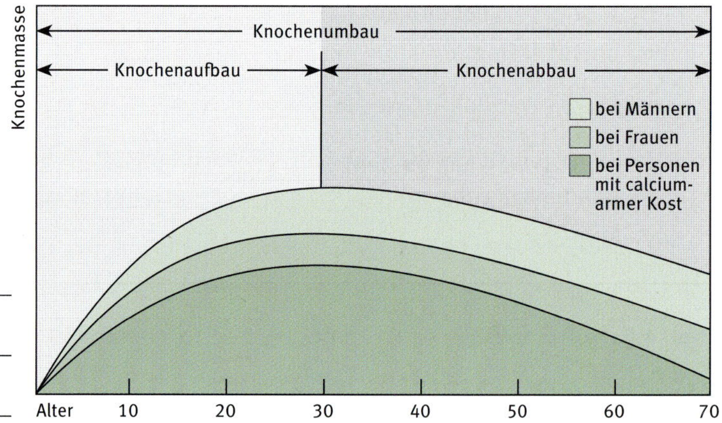


Während des ganzen Lebens wird alte Knochensubstanz abgebaut und durch neue ersetzt. Bis zum 30. Lebensjahr überwiegt der Knochenaufbau. Die maximale Knochenmasse wird hier erreicht. Danach überwiegt der Knochenabbau, die Knochenmasse nimmt ab. Bei calciumarmer Ernährung kann die maximal erreichbare Knochenmasse nicht aufgebaut werden. Die Knochen werden dann früher brüchig. Männer bauen mehr Knochenmasse auf als Frauen. Bei Frauen in den Wechseljahren beschleunigt sich der Knochenabbau.

2 Füllen Sie in dem folgenden Text zur Osteoporose die Lücken aus.

Die Osteoporose ist ein krankhafter Knochen schwund. Aufgrund eines Mangels des Hormons Östrogen werden die Knochen verstärkt abgebaut und der Einbau von Calcium in die Knochensubstanz vermindert. Dadurch wird der Knochen frühzeitig brüchig. Mangel an Bewegung, Bettlägerigkeit und calciumarme Ernährung fördern die Osteoporose.

3 Die Hormone Parathormon, Calcitonin, Vitamin-D-Hormon und das Östrogen steuern den Calciumstoffwechsel und den Knochenaufbau. Informieren Sie sich in einem Fachbuch über die Wirkung dieser Hormone. Ergänzen Sie dann in der Tabelle die Symbole: ▲ = fördert ▼ = hemmt

| Hormone | Darm | Knochen | Nieren |
|---|---|---|---|
| Parathormon | Ca-Resorption ▲ | Ca-Freisetzung ▲ | Ca-Ausscheidung ▼<br>Umwandlung von Vitamin D in Vitamin-D-Hormon ▲ |
| Calcitonin | Ca-Resorption ▼ | Ca-Freisetzung ▼<br>Calciumeinbau ▲ | Ca-Ausscheidung ▲ |
| Vitamin-D-Hormon | Ca-Resorption ▲ | Ca-Einlagerung ▲ | Ca-Ausscheidung ▼ |
| Östrogen | Ca-Resorption ▲ | Ca-Einlagerung ▲<br>Knochenaufbau ▲<br>Aktivität der Knochenabbauzellen ▼ | |

# Inkontinenz

**1** Ergänzen Sie die folgende Erklärung über Inkontinenz.

Unter einer Inkontinenz versteht man einen **unwillkürlichen** Verlust an **Urin** und/oder **Stuhl**. Dieses kann **zeitweise** (temporäre Inkontinenz) oder **dauerhaft** (permanente Inkontinenz) geschehen. Beispielsweise können zu einer **Inkontinenz** führen: Absenken der **Blase** und der **Gebärmutter** als Folge von **Geburten** (schwächt die Beckenboden-muskulatur), **Verletzungen** des Blasenschließmuskels, **Fehlfunktion** des Schließmuskels (Sphinkter), neurologische Erkrankungen wie **Schlaganfall**, **Demenz**, **Parkinson**, **Lähmungen**, Folge von Operationen, z. B. **an der Prostata**, starke Durchfälle, ausgelöst z. B. durch **Salmonellose**.

**2** Bei der Inkontinenz unterscheidet man hinsichtlich ihrer Ausprägung drei Grade. Ordnen Sie den Graden die jeweils richtigen Symptome zu.

| Harninkontinenz/unfreiwilliger Urinabgang erfolgt ... | Zuordnung | |
|---|---|---|
| Grad 1 | → beim Husten, Niesen und Lachen | spontan im Stehen, Liegen, kein direkter Auslöser feststellbar |
| Grad 2 | → bei leichter körperlicher Anstrengung | bei leichter körperlicher Anstrengung |
| Grad 3 | → spontan im Stehen, Liegen, kein direkter Auslöser feststellbar | beim Husten, Niesen und Lachen |

| Stuhlinkontinenz | Zuordnung | |
|---|---|---|
| Grad 1 | → gelegentliches Anschmutzen der Unterwäsche, Abgabe von Gasen | häufige Verschmutzung der Wäsche |
| Grad 2 | → häufige Verschmutzung der Wäsche | gelegentliches Anschmutzen der Unterwäsche, Abgabe von Gasen |
| Grad 3 | → die Abgabe von Stuhl und Gasen erfolgt ohne jegliche körperliche Kontrolle | die Abgabe von Stuhl und Gasen erfolgt ohne jegliche körperliche Kontrolle |

**3** Welche Hilfsmittel stehen für eine Inkontinenzversorgung zur Verfügung, um die Lebensqualität zu verbessern? Überlegen Sie in der Klasse, welche Produkte Sie im Praktikum schon kennengelernt haben. Nutzen Sie für die Bearbeitung auch das Internet.

| Hilfsmittel bei Harninkontinenz | Hilfsmittel bei Stuhlinkontinenz |
|---|---|
| Inkontinenzartikel wie Einlagen, Inkontinenzhosen, Binden, Tropfen-fänger (bei Männern) | Einlagen, Toilettenstuhl (in der Nähe), Steckbecken, Windelhosen |
| Vaginalkonen (Beckenbodentraining), Vaginaltampons | Analtampons, Beckenbodentraining |
| Kondomurinale, Urinauffangsysteme, Blasenkatheter | Anpassung der Ernährung |

# Dekubitus

1 Suchen Sie aus dem Wortwurm geeignete Wörter heraus und ergänzen Sie den Text über die Entstehung eines Dekubitus.

aberploblutgefäßenkräatzmnsauerstoffmanunterwasnekroseodersowiedermastoffwechselendprodukte-öüaäetrdruckmwnrthjöturhwazellenorganellezeitlöstawrdekubitus klavirstagewebestirbtaufbaudruckge-schwürlateinischenüberlöwätpaternährstoffenklortus abtransportqwmnsöptrisikofaktoren

Das Wort Dekubitus lässt sich von dem lateinischen Wort decumbere = sich niederlegen, ableiten. Die deutsche Übersetzung heißt Druckgeschwür. Bei einem Dekubitus kommt es durch verschiedene Ursachen und Risikofaktoren immer zu einer Unterversorgung von Hautgebieten mit Sauerstoff und Nährstoffen sowie einem fehlenden Abtransport schädlicher Stoffwechselendprodukte. Die Ursache dafür ist immer ein Zusammenspiel von drei Faktoren: Druck, Zeit und individuelle Risikofaktoren. Durch den Verschluss bzw. Verengung von den versorgenden Blutgefäßen wird das Gewebe nicht mehr ausreichend versorgt und stirbt letztlich ab (Nekrose).

2 Kreuzen Sie an, welche der nachfolgenden Punkte Risikofaktoren für das Auftreten eines Dekubitus sind.

☐ gesunde Ernährung, ☒ Fieber, ☒ Schwitzen, ☐ viel Bewegung, ☒ bestehende Inkontinenz, ☒ Übergewicht (Adipositas), ☐ Stress, ☒ Lähmungen, ☐ laute Musik, ☐ schweres Heben, ☒ Untergewicht (Kachexie), ☒ Bettlägerigkeit, ☒ Krümel im Bett, ☐ weite Kleidung, ☒ Sonden, ☐ Schnarchen, ☒ Medikamente, z. B. Schmerzmittel, ☐ Jugend, ☒ Gipsverband

3 Beim Dekubitus werden vier Grade unterschieden. Ordnen Sie den nachfolgenden Bildern die passenden Textbausteine zu und ziehen Sie Linien.

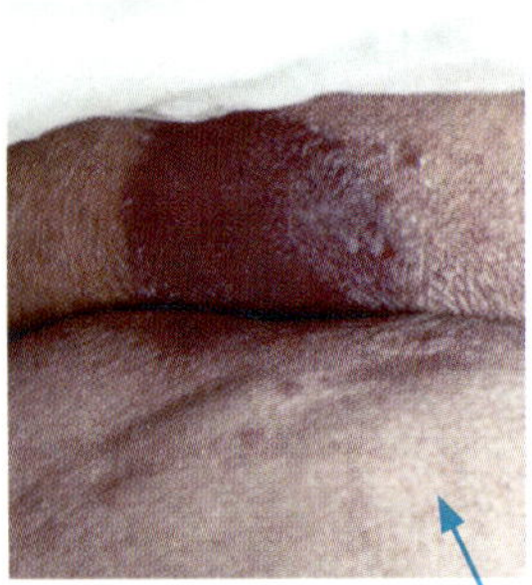

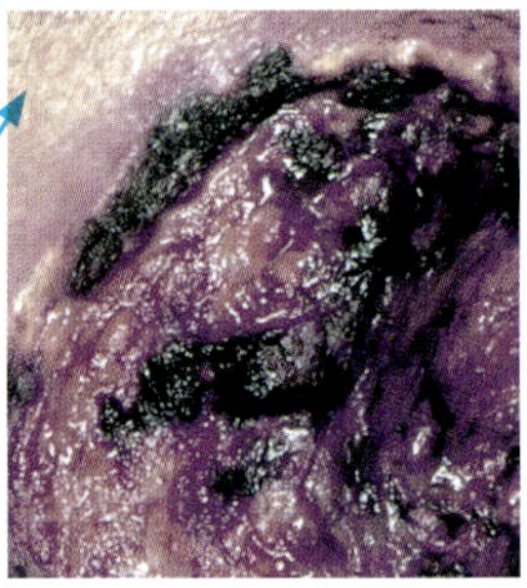

Tiefes Geschwür. Gewebedefekt, der alle Hautschichten betrifft. Bänder, Sehnen und Muskeln sind sichtbar. Ödeme und Infektionen sind häufig. Es bildet sich eine käseartige Masse. Schmerzen. Ausdehnung bis zur Knochenhaut.

Tiefer Haut- und Gewebedefekt mit Beteiligung des Knochens. Infektionen und Osteomyelitis treten auf. Starke Schmerzen und Entzündungszeichen. Es besteht die Gefahr einer Sepsis, Nieren- und Leberschädigung.

Scharf begrenzte, länger als 2 bis 3 Minuten anhaltende Rötung. Diese Rötung entsteht als Folge der Druckentlastung. Die Blutgefäße stellen sich reflektorisch weit. Die Haut ist intakt.

Blasenbildung bis Defekt auf der Lederhaut. Das subkutane Fettgewebe ist nicht betroffen. Schmerzen treten auf. Es besteht die Gefahr des Ablösens der Oberhaut. Infektionsgefahr!

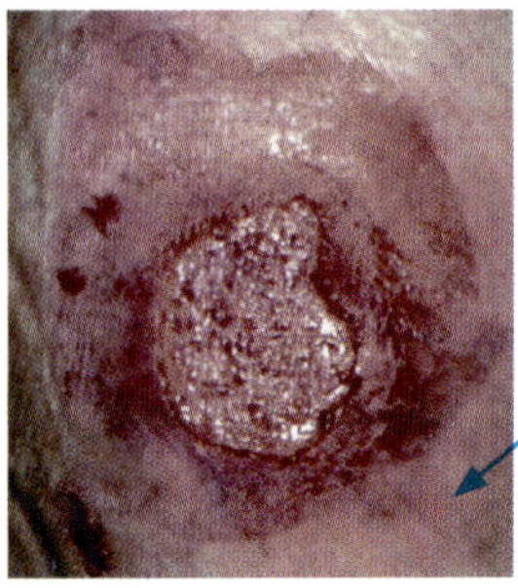

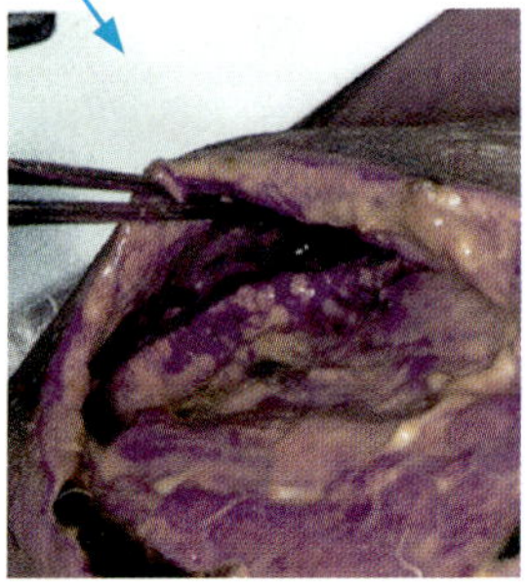

*(modifiziert nach: Gerhart, Dr. R. u. a.: „Altenpflege konkret Gesundheits- und Krankheitslehre“, Urban & Fischer Verlag, München 2007)*

# Pflege nach den ABEDL's

1 Vervollständigen Sie die Erklärung der ABEDL's.

Die Pflegeforscherin Monika Krohwinkel stellte in dem Jahr 1991 erstmals ihr Modell der ganzheitlich-fördernden Prozesspflege vor. Das Modell soll den Pflegeprozess sowie die Pflegedokumentation und damit die Pflege der Menschen verbessern. Jeder Mensch führt Aktivitäten durch, die beobachtet werden können. Krohwinkel nennt dies ABEDL. Die Buchstaben ABEDL bedeuten = Aktivitäten, Beziehungen und existenzielle Erfahrungen des täglichen Lebens. Die 13 Bereiche dürfen dabei nicht isoliert gesehen werden, sondern stehen miteinander in Beziehung.

2 Erklären Sie mithilfe von Fachliteratur und Internetquellen die 13 Bereiche der ABEDL's. Überlegen Sie auch, welche Aspekte für Sie selber von besonderer Wichtigkeit sind.

Kommunizieren können

Wahrnehmungsfähigkeit, Konzentrationsfähigkeit, Sprechen, Hören, Sehen, Gestik, Mimik usw.

Sich bewegen können

Körperliche Beeinträchtigungen, Gleichgewichtsstörungen, Sturzgefahr, Gewohnheiten und Bedürfnisse, Bewegungsangebote usw.

Vitale Funktionen aufrechterhalten können

Atmung, Blutdruck, Wärmeregulation usw.

Sich pflegen können

Hautzustand, Hauterkrankungen, geistiger Zustand, Körperpflege, Gewohnheiten, Wahrung der Intimsphäre usw.

Sich kleiden können

Bevorzugte Kleidung, Gewohnheiten, Defizite in der Kleiderwahl und -wechsel usw.

Ausscheiden können

Inkontinenz, ursächliche Erkrankungen, Obstipation, Ausscheidungsgewohnheiten usw.

Essen und trinken können

Ernährungszustand, Essgewohnheiten, Mahlzeitengestaltung, Auswirkungen von demenziellen Erkrankungen usw.

Ruhen, schlafen, sich entspannen können

Schlafgewohnheiten, Schlafrhythmus, Störungen des Schlafverhaltens usw.

Sich beschäftigen, lernen, sich entwickeln können

Bestehende Hobbys, Interessen, geistige Fähigkeiten usw.

Sich als Frau oder Mann fühlen und verhalten können

Sexualität, Rollenverhalten, Erkrankungen usw.

Für eine sichere und fördernde Umgebung sorgen können

Psychische Sicherheit, räumliche Sicherheit, Orientierungshilfe geben usw.

Soziale Beziehungen und Bereiche sichern können

Soziale Kontakte erhalten (Familie, Freunde), Umgangsformen, Integration usw.

Mit existenziellen Erfahrungen umgehen können

Existenzfördernde und existenzbelastende Erfahrungen, Weltanschauungen, Religion, Tod, Krankheiten usw.